公路工程标准规范理解与应用丛书

《公路路基施工技术规范》宣贯读本

中交第一公路工程局有限公司 编著

人民交通出版社

内 容 提 要

本书由规范的主要起草人以其在各地“公路路基施工技术规范培训班”上授课讲稿为基础，修改、细化编写而成。书中介绍了规范条款编写的背景资料；使用规范时应注意事项；为方便施工所补充的技术资料等内容，以方便读者更好地学习、理解、应用规范。

本书可作为《公路路基施工技术规范》(JTG F10—2006)培训、学习用书。

图书在版编目（CIP）数据

《公路路基施工技术规范》宣贯读本/中交第一公路工程局有限公司编著．—北京：人民交通出版社，2007.2
ISBN 978-7-114-06376-3

Ⅰ.公... Ⅱ.中... Ⅲ.公路路基-工程施工-规范-中国-学习参考资料 Ⅳ.U416.104-65

中国版本图书馆 CIP 数据核字（2007）第 004017 号

公路工程标准规范理解与应用丛书

书　　名：《公路路基施工技术规范》宣贯读本
著 译 者：中交第一公路工程局有限公司
责任编辑：刘　涛
出版发行：人民交通出版社
地　　址：(100011)北京市朝阳区安定门外外馆斜街 3 号
网　　址：http://www.ccpress.com.cn
销售电话：(010)85285838,85285995
总 经 销：北京中交盛世书刊有限公司
经　　销：各地新华书店、交通书店
印　　刷：北京鑫正大印刷有限公司
开　　本：787×960　1/16
印　　张：10
字　　数：116 千
版　　次：2007 年 2 月　第 1 版
印　　次：2007 年 2 月　第 1 次印刷
书　　号：ISBN 978-7-114-06376-3
印　　数：0001－6000 册
定　　价：28.00 元

前言

《公路路基施工技术规范》(JTJ 033—95)自1995年颁布实施以来,在促进公路路基施工技术进步,提高公路路基施工质量等方面发挥了重要作用。但随着我国公路建设的快速发展,公路施工新技术、新工艺、新设备、新材料不断涌现且被广泛应用,原规范中部分条文已难以满足实际需要;同时,与路基施工有关的单项规范,如《公路软土地基路堤设计与施工技术规范》(JTJ 017—96),《公路粉煤灰路堤设计与施工技术规范》(JTJ 016—93)等,也未包含在原规范中,造成实际使用中的不便;另外,在施工安全和环保方面的内容也需要补充完善等。原规范的修订工作遂为各方所关注。

2003年8月,交通部下发“关于下达2003年度公路工程标准制修订项目计划的通知”(交公路发[2003]297号文),正式启动《公路路基施工技术规范》(JTJ 033—95)的修订工作。本次修订工作是在全面总结了近年来公路路基施工经验和广泛调研、专题论证的基础上,通过广泛征求意见而完成的。修订后的规范较全面地吸纳了新技术、新工艺、新设备、新材料等成熟的应用成果;借鉴了国外相关规范、标准;体现了安全、经济、环保、可持续发展的理念,现已获交通部批准,并由人民交通出版社正式出版发行。

为方便读者更好地学习、理解、应用规范,规范的主要起草人之一刘树良副总工程师以其在各地“公路路基施工技术规范培训班”上授课讲稿为基础,修改、细化编写了此读本。书中介绍了规范条款编写的背景资料;使用规范时应注意事项;为方便施工所补充的技术资料等内容。

读者在阅读时注意:

本手册按规范体例编写,规范条文序号、图(表)序号等未变。

楷体字部分为规范原文。

宋体字部分为对规范条文的解释说明。

声明:

本书内容仅供参考,相关规定以《公路路基施工技术规范》(JTG F10—2006)为准。

作者

2007.01.16

目录 MULU

绪 论

一 对规范的认识

公路工程设计、施工中应严格遵守规范的强制性条文，针对工程项目的具体情况，合理运用标准、规范，使可能影响到工程安全的指标首先得到满足，克服工程设计、施工"只对规范负责，不对工程的安全、质量负责"的做法。

规范的定位与作用：

1. 技术规范不是法律

（1）规范是以往工程实践的总结，不可能完全适用各种情况。

（2）计划经济使技术人员养成过分依赖规范的习惯，一切唯规范是从，使他们的设计、施工行为变成只对规范负责，而不是首先对工程的安全、质量负责。

（3）规范的错误定位，束缚了技术人员的创造性，阻碍了技术进步，并成为近年来不少工程出现早期破坏、安全与耐久性不良状态，甚至造成事故的重要原因。

（4）市场经济条件下，规范的作用只建立在业主与设计、施工企业之间的合同或契约基础上，作为共同认可的工程建设的一种规则。如果牵涉到法律问题，违法也只反映在违约的行为上。

（5）规范不能违反国家和公共利益，所以必须有政府部门的批准、认可或干预。业主和设计人可以选用不同的规范；在不违反有关法规规定的前提下，可以采用不同于规范的要求和做法。

（6）对于重要或复杂工程，应该专门制定设计、施工标准，原则上不能采用规范上的一般做法。

2. 技术规范中的要求只是最低要求

(1)一些工程本应有更高的要求,即使按规范的最低要求做了,出了问题也要设计人负责。

(2)英国土建工程设计与施工的各种标准的第一页,都写有:"遵守英国规范(标准)本身,并不给予豁免法律责任"。

(3)美国 ACI 混凝土结构设计规范的第一章第一句话为"本规范提供设计与施工……的最低要求"。

(4)美国公路部门 AASHTO 桥梁设计规程的第一章第一节中写道:"本规程无意取代设计人所具有的专门教育和工程判断的训练,仅在规程中规定为保证公共安全的最低要求,业主或设计人可能需要在设计中采用新的先进技术,或需要对材料及施工质量提出更高的要求"。

与此相反,我国现行规范带着短缺计划经济年代的深刻烙印,回避最低要求的提法,并在客观上暗示规范要求的唯一性。

二 修订背景

1. 修订依据

根据交通部《关于下达 2003 年度公路工程标准修订项目计划的通知》(交公路发[2003]297 号)的精神,《公路路基施工技术规范》(JTJ 033—95)(以下简称原规范)的修订工作由中交第一公路工程局有限公司负责。

2. 修订原因

(1)至修订工作启动时,原规范颁布实施已近十年,有些条文难以满足公路建设事业发展的需要。

(2)随着我国公路建设的快速发展,公路施工新技术、新工艺、新设备、新材料不断涌现且被广泛应用,但缺乏统一的技术、质量标准,不利于推广。

(3)与路基施工有关的单项规范,如《公路软土地基路堤设计与施工技术规范》(JTJ 017—96)、《公路粉煤灰路堤设计与施工技术规范》(JTJ 016—93)等,未包含在原规范中,造成实际使用中的不便。

(4)原规范在施工安全和环保方面的内容需要补充完善、发展。

(5)原规范过多地强调了施工方法和工艺,而按《公路工程行业标准管理导则》的要求,条文的主要内容应对施工各工序、各环节提出技术质量要求,并尽量精简工艺过程的叙述。

3. 修订指导思想和原则

(1)修订指导思想

涵盖新技术、新工艺、新设备、新材料、新规范(新要求)、新情况等已成熟应用的内容。

强调注重水土保持、环境保护和可持续发展。

主要对施工各工序、各环节的技术要求作出规定,精简工艺过程的叙述,与部颁相关规范协调。

(2)修订原则

强调施工关键工序的控制。

基本内容以原规范为基础,在成熟可靠的基础上,尽可能反映先进技术。

向国家标准靠拢,与国际标准接轨。

4. 修订主要依据

(1)国家、部颁的相关行政和技术法规。

(2)相关行业标准和技术规范,如《公路工程技术标准》(JTG B01—2003)、《公路路基设计规范》(JTG D30—2004)等。

(3)本次修订中进行的调研论证课题成果、调研资料。

(4)编写单位长期积累的施工技术、实践经验。

(5)广泛征求的意见。

(6)原规范条文及条文说明。

(7)交通部批准的《修订工作大纲》、《编写大纲》。

(8)各阶段评审会会议纪要及评审专家的具体意见。

三 修订过程

1. 修订工作情况

具体情况如下：

修订工作于 2003 年 8 月开始，历经工作大纲、四个典型课题（填方路堤的分层厚度，挖方路堑边坡施工的安全和稳定措施，新技术、新工艺、新设备、新材料，特殊地区的路基施工）调研、三个工艺试验（高填方路堤施工工艺试验、填石路堤施工工艺试验、粉质砂土压实工艺试验）研究、初稿、征求意见稿、送审稿、报批稿（含总校）等阶段，历时两年半，形成《公路路基施工技术规范》（JTG F10—2006）报批稿及其条文说明。

2003 年 8 月，交通部下达修订任务。随后开始修订工作，共向 54 个单位发送了征求意见函。

初稿完成后，经内部专家 4 次讨论，形成征求意见稿，并发往 50 个单位征求意见。共收回意见 275 条，经内部专家讨论，采纳 149 条，部分采纳 21 条，形成征求意见修改稿。

征求意见修改稿经专家审查后再修改形成了送审稿。

送审稿发往 78 个单位，共收回 188 条意见，又经内部专家讨论，形成了送审稿修改稿，第二次提交专家会议审查。根据审查意见修改后，形成报批稿。目前已获批准并于 2006 年 10 月由人民交通出版社正式出版发行。

2. 变动较大的主要内容

(1)原规范第 4、5、6、7 章合并为第 4 章，制定了新的压实标准原规范中"4 路基施工的一般规定"、"5 填方路堤的施工"、"6 挖方路堑的施工"、"7 路基压实"这四章的内容交织在一起，不便于应用，现将相关内容合并为"4 一般路基施工"一章，并制定了新的压实标准。

(2)路堤基底的要求提高

"高速公路、一级公路和二级公路路堤基底的压实度不应小于85%；当路堤填土高度小于路床厚度(80cm)时，基底的压实度不宜小于路床的压实度标准"修改为"二级及二级以上公路路堤基底的压实度不小于90%；三、四级公路不小于85%。路基填土高度小于路面或路床总厚度时，应按设计要求处理"。

(3)填石路堤和土石路堤

①填石路堤和土石路堤均明确了质量检验方法。

②增加"填石路堤与土质填筑层之间应设过渡层"。

③填料要求更加明确，加入"不均匀系数"。

④强调通过试验路提出过程质量控制方法及标准，如松铺厚度、沉降差。

⑤删减了具体的填筑工艺。

⑥二级公路填石路堤不能采用"倾填"的方式。

⑦对石料以强度分类提出质量标准。

(4)对符合要求的湿黏土制定了新的压实标准

根据相关科研成果和工程实践经验，在保证路基强度、稳定性、耐久性的前提下，为充分利用湿黏土、红黏土与高液限土中符合一定条件的土作为路基填料，制定了新的压实标准。

(5)高填方路堤

①填料和基底处理要求更加明确。

②应进行动态监控及动态调整。

③高填方路堤宜优先安排施工，并至少要经过一个雨季。

3. 新增加内容

(1)轻质路堤

①粉煤灰路堤。

②EPS 路堤。

(2)路基拓宽改建施工

①国内高速公路路基拓宽改建的工程实践经验总结。

②交通部西部课题科研成果。

(3)泥石流路基

①施工安全技术措施方面的规定。

②泥石流处治结构物涉及结构强度、耐久性、材料方面的规定。

(4)软土地基的处理

①主要依据是《公路软土地基路堤设计与施工技术规范》(JTJ 017—96)中施工部分的内容。

②整体上分为地基处理、路堤填筑、路堤施工监控三个方面。

③地基处理方面,增加了浅层处治、砂(砾)垫层、土工合成材料、袋装砂井、塑料排水板、真空预压、真空堆载联合预压施工、砂桩、碎石桩、加固土桩、水泥粉煤灰碎石桩(简称 CFG 桩)、Y 形沉管灌注桩、薄壁筒型沉管灌注桩、静压管桩、强夯、强夯置换等处治施工方面的规定。

(5)红黏土与高液限土地区路基施工

①对可用填料、可用部位进行了规定。

②对包芯法施工作出了规定。

③对防止压实层含水量变化导致质量问题作出了规定。

(6)雪害地段路基施工

①强调施工安全措施、注意自然生态系统的协调。

②充分考虑雨、雪的不利作用。

③提出雪崩地段路基施工中应注意的问题。

(7)涎流冰地段路基施工

针对该地区的特点，重点对应采取的临时排水措施进行了规定。

(8)采空区路基施工

根据有关资料，对渗水、处理后地基、干砌片石回填等提出要求。

(9)路基防护

①坡面防护：补充植被防护、骨架植物防护、圬工防护、抹面捶面防护、膨胀土、路堑边坡防护方面的内容。

②沿河路基防护：增加土工膜袋、丁坝防护、顺坝施工、改移河道等内容

③挡土墙：新增了重力式挡土墙、悬臂式和扶壁式挡土墙、锚杆挡土墙、锚定板挡土墙等的规定。

④边坡锚固：新增了锚杆施工、预应力锚索施工规定，尤其对预应力锚索工程提出比较系统的规定。

⑤土钉支护：新增了施工监控、排水系统、支护开挖、喷射混凝土、地梁网格梁施工等要求。

⑥抗滑桩：新增了地质核对、施工准备、开挖及支护、灌注桩身混凝土、桩板式抗滑挡墙等方面的规定。

(10)路基安全施工

按场地清理、填方路堤、挖方路基、爆破作业、路基排水和防护等几个方面分类对路基安全施工提出了要求。

4. 修订中关注的问题

(1)本次修订工作全面总结了近年来公路路基施工经验，在广泛调研、专题论证的基础上，吸纳了新技术、新工艺、新设备、新材料等成熟的应用成果，借鉴了国外相关规范、标准，修订后的规范体现了安全、经济、环保、可持续发展的理念。

(2)本次修订重点突出了路基施工中应遵守的准则、应达到的技术要求；强调强制性施工工艺要求，强调过程质量控制。

(3)本规范用词说明

①对执行规范条文严格程度的用词采用以下写法：

表示很严格，非这样做不可的用词：

正面词采用"必须"；反面词采用"严禁"。

表示严格，在正常情况下均应这样做的用词：

正面词采用"应"；反面词采用"不应"或"不得"。

表示允许稍有选择，在条件许可时首先应这样做的用词：

正面词采用"宜"；反面词采用"不宜"。

表示稍有选择，在一定条件下可以这样做的用词：

采用"可"。

②条文中应按指定的其他有关标准、规范的规定执行，其写法为"应按……执行"或"应符合……的要求(或规定)"。

如非必须按指定的其他有关标准、规范的规定执行，其写法为"可参照……"。

5. 修订结果

(1)原规范共13章60节15.3万字，修改后新规范共10章52节13万字左右。

(2)原规范特点是：对工艺、方法的叙述过多，内容不全面；新规范的特点是：主要对材料、施工各工序、环节的技术要求、质量标准作出规定，精简工艺过程的叙述，并纳入与路基施工有关的规范或规程的相关标准、规定。

四 主要修改内容介绍

1. 新旧规范章节对比

新 规 范	原 规 范
1 总则	1 总则
2 术语、符号	2 术语、符号

续上表

新 规 范	原 规 范
2.1 术语 2.2 符号	2.1 术语 2.2 符号
3 施工准备 3.1 一般规定 3.2 测量 3.3 试验 3.4 场地清理 3.5 试验路段	3 施工前的准备 3.1 施工准备 3.2 施工测量 3.3 施工前的复查和试验 3.4 场地清理 3.5 试验路段
4 一般路基施工 4.1 一般规定 4.2 路堤施工 4.3 挖方路基施工 4.4 轻质填料路堤施工 4.5 路基拓宽改建施工	4 路基施工的一般规定 4.1 基本要求 4.2 路基施工排水 4.3 路基施工取土和弃土 4.4 土方机械化施工 5 填方路堤的施工 5.1 一般规定 5.2 土方路堤的填筑 5.3 桥涵及其构造物处的填筑 5.4 填石路堤 5.5 土石路堤 5.6 高填方路堤 6 挖方路堑的施工 6.1 一般规定 6.2 土方路堑的开挖 6.3 石方的开挖 6.4 深挖路堑的施工 7 路基压实 7.1 一般规定 7.2 填方路段基底的压实 7.3 压实机械的要求与选择 7.4 填方路堤的压实 7.5 路堑路基的压实 7.6 桥涵及其他构造物处填土的压实 7.7 填石路堤的压实 7.8 土石路堤的压实 7.9 高填方路堤的压实

续上表

新 规 范	原 规 范
5 路基排水 5.1 一般规定 5.2 地表排水 5.3 地下排水 5.4 路基排水工程质量标准	8 路基排水 8.1 一般规定 8.2 地面水的排除 8.3 地下水的排除 8.4 高速公路、一级公路的路基排水
6 特殊路基施工 6.1 一般规定 6.2 湿黏土路基施工 6.3 软土地区路基施工 6.4 红黏土地区路基施工 6.5 膨胀土地区路基施工 6.6 黄土地区路基施工 6.7 盐渍土地区路基施工 6.8 风积沙及沙漠地区路基施工 6.9 季节性冻土地区路基施工 6.10 多年冻土地区路基施工 6.11 涎流冰地段路基施工 6.12 雪害地段路基施工 6.13 滑坡地段路基施工 6.14 崩塌与岩堆地段路基施工 6.15 泥石流地区路基施工 6.16 岩溶地区路基施工 6.17 采空区路基施工 6.18 沿河、沿溪地区路基施工 6.19 水库地区路基施工 6.20 滨海地区路基施工	9 特殊地区的路基施工 9.1 水稻田地区路基施工 9.2 河、塘、湖、海地区路基施工 9.3 软土、沼泽地区路基施工 9.4 盐渍土地区路基施工 9.5 风沙地区路基施工 9.6 黄土地区路基施工 9.7 多雨潮湿地区路基施工 9.8 季节性冻融翻浆地区路基施工 9.9 多年冻土地区路基施工 9.10 岩溶地区路基施工 9.11 滑坡地段路基施工 9.12 崩坍岩堆地段路基施工 9.13 膨胀土地区路基施工
7 冬、雨季路基施工 7.1 一般规定 7.2 冬季施工 7.3 雨季施工	10 季节性路基施工 10.1 路基的冬季施工 10.2 路基的雨季施工
8 路基防护与支挡	11 路基防护与加固

续上表

新 规 范	原 规 范
8.1 一般规定 8.2 坡面防护 8.3 沿河路基防护 8.4 挡土墙 8.5 边坡锚固防护 8.6 土钉支护 8.7 抗滑桩	11.1 一般规定 11.2 坡面防护 11.3 路基冲刷防护 11.4 其他加固工程
9 路基安全施工与环境保护 9.1 一般规定 9.2 安全施工 9.3 环境保护 9.4 生物保护 9.5 文物保护	12 公路绿化工程与环境保护 12.1 公路绿化工程 12.2 空气污染的防治 12.3 防止水、土污染和流失
10 路基整修与交工验收 10.1 路基整修 10.2 交工验收	13 路基整修、检查验收及维修 13.1 路基整修 13.2 检查及验收 13.3 路基维修 13.4 质量标准
附录A 本规范用词说明 附件 《公路路基施工技术规范》(JTG F10—2006)条文说明	附录A 本规范用词说明 附加说明 附件:公路路基施工技术规范条文说明

2. 修订的主要内容

(1)涵盖了《公路粉煤灰路堤设计与施工技术规范》(JTJ 016—93),《公路软土地基路堤设计与施工技术规范》(JTJ 017—96)、《公路土工合成材料应用技术规范》(JTJ 019—98)等规范中施工方面的内容。

(2)修订了压实度检测频率。

(3)特殊路基施工中,针对湿黏土、红黏土、中弱膨胀土,提出了压实标准降低数量及降低的限制条件,取消轻型压实标准。

(4)对填筑层松铺厚度,不作统一规定,强调要与压实机具、压实工艺等条件相结合,根据试验路段确定。

(5)将原规范中“4 路基施工的一般规定”、“5 填方路堤的施工”、“6 挖方路堑的施工”、“7 路基压实”这四章的内容合并调整为“4 一般路基施工”。

①采用新的压实度标准。

②路堤基底的要求提高,原为“高速公路、一级公路和二级公路路堤基底的压实度不应小于85%;当路堤填土高度小于路床厚度(80cm)时,基底的压实度不宜小于路床的压实度标准”修改为“二级及二级以上公路路堤基底的压实度不小于90%;三、四级公路不小于85%。路基填土高度小于路面或路床总厚度时,应按设计要求处理”。

③填石路堤和土石路堤:

a. 填石路堤和土石路堤均明确了质量检验方法。

b. 增加“填石路堤与土质填筑层之间应设过渡层”。

c. 填料要求更加明确,加入“不均匀系数”。

d. 强调通过试验路提出过程质量控制方法及标准,如松铺厚度、沉降差。

e. 删减了具体的填筑工艺。

f. 二级公路填石路堤不能采用“倾填”的方式。

g. 对石料以强度分类提出质量标准。

④对湿黏土的压实度标准提出了具体要求。

⑤高填方路堤:

a. 填料和基底处理要求更加明确。

b. 应进行动态监控及动态调整。

c. 高填方路堤宜优先安排施工,并至少要经过一个雨季。

(6)补充了 EPS 块体路堤施工、路基拓宽改建施工、挡土墙、边坡锚固、土钉支护、抗滑桩、安全环保等。特殊路基施工的内容,由原规范 13 节扩充到 20 节,扩大了涵盖面。

1 总 则

1.0.5 公路路基施工,必须遵守国家职业健康安全法律法规,健全施工人员健康安全保障体系,改善职业健康安全条件。

1.0.7 公路路基施工,必须遵守国家文物保护的法律法规,遇有文物时,应立即停止施工,并保护好现场,会同有关单位妥善处理。

总则中的1.0.5、1.0.7条是原规范总则中未包括的。公路路基施工为野外作业,影响施工人员职业健康和安全的因素较多,应牢固树立以人为本的思想,故作了明确规定。

文物是国家的一种特殊财产,由于在地下的文物具有不可见性和不可恢复性,必须得到保护,故作了明确规定。

4 一般路基施工

4.1 一般规定

4.1.2 路基填料应符合下列规定:

1 含草皮、生活垃圾、树根、腐殖质的土严禁作为路基填料。

2 泥炭、淤泥、冻土、强膨胀土、有机质土及易溶盐超过允许含量的土,不得直接用于填筑路基;确需使用时,必须采取技术措施进行处理,经检验满足设计要求后方可使用。

3 液限大于50%、塑性指数大于26、含水量不适宜直接压实的细粒土,不得直接作为路堤填料;需要使用时,必须采取技术措施进行处理,经检验满足设计要求后方可使用。

4 粉质土不宜直接填筑于路床,不得直接填筑于浸水部分的路堤及冰冻地区的路床。

5 填料强度和粒径,应符合表4.1.2的规定。

路基填料最小强度和最大粒径要求 表4.1.2

<table>
<tr><th colspan="2" rowspan="2">填料应用部位
(路床顶面以下深度)(m)</th><th colspan="3">填料最小强度(CBR)(%)</th><th rowspan="2">填料最大粒径
(mm)</th></tr>
<tr><th>高速公路
一级公路</th><th>二级公路</th><th>三、四级公路</th></tr>
<tr><td rowspan="4">路堤</td><td>上路床(0~0.30)</td><td>8</td><td>6</td><td>5</td><td>100</td></tr>
<tr><td>下路床(0.30~0.80)</td><td>5</td><td>4</td><td>3</td><td>100</td></tr>
<tr><td>上路堤(0.80~1.50)</td><td>4</td><td>3</td><td>3</td><td>150</td></tr>
<tr><td>下路堤(>1.50)</td><td>3</td><td>2</td><td>2</td><td>150</td></tr>
<tr><td rowspan="2">零填及
挖方路基</td><td>(0~0.30)</td><td>8</td><td>6</td><td>5</td><td>100</td></tr>
<tr><td>(0.30~0.80)</td><td>5</td><td>4</td><td>3</td><td>100</td></tr>
</table>

注:1. 表列强度按《公路土工试验规程》规定的浸水96h的CBR试验方法测定。

2. 三、四级公路铺筑沥青混凝土和水泥混凝土路面时,应采用二级公路的规定。

3. 表中上、下路堤填料最大粒径150mm的规定,不适用于填石路堤和土石路堤。

新规范对路堤填料的规定较原规范的差异是，规定泥炭、淤泥、冻土等材料经过处理，可以使用；明确规定粉质土不宜直接填筑于路床，不得直接填筑于浸水部分的路堤及冰冻地区的路床；同时还指出表4.1.2中上、下路堤填料最大粒径150mm的规定，不适用于填石路堤和土石路堤。

4.2 路堤施工

4.2.2 土质路堤

2 路堤填筑应符合下列规定：

4）每种填料的松铺厚度应通过试验确定。

原规范规定高速公路和一级公路路堤填料松铺厚度不应超过30cm；其他公路，按土质类别、压实机具功能、碾压遍数等，经过试验确定。但最大松铺厚度，不宜超过50cm。

本次规范修改前，对填方路堤的分层厚度立课题研究，主要通过对各类压实机具性能的了解，对很多省、市的压实机具组合、压实厚度、压实材料等情况进行收集、分析，调查报告提出的碾压分层厚度建议是：

根据压实机械的性能，结合各地区和部分国外在筑路过程中压实分层厚度的经验，推荐如下分层厚度作为参考，最可靠的分层厚度还是应该通过试验来确定。

1. 各类振动压路机压实后的实际最大铺层厚度（表4-1）

各类振动压路机压实后的实际最大铺层厚度（m） 表4-1

压路机工作重量（括号内为振动轮部分的重量）		路堤				备注
		岩石填方△	砂砾	粉土	黏土	
拖式振动压路机	6t	0.75	⊙0.6	⊙0.45	0.25	△仅适用于为压实岩石填方而特殊设计的压路机。⊙是最为适用的标记
	10t	⊙1.5	⊙1.00	⊙0.70	⊙0.35	
	15t	⊙2.0	⊙1.50	⊙1.00	⊙0.50	
	6t		0.60	⊙1.45	⊙0.30	
	10t		1.00	⊙0.70	⊙0.40	

续上表

压路机工作重量(括号内为振动轮部分的重量)		路堤				备注
		岩石填方△	砂砾	粉土	黏土	
自行式振动压路机	7(3)t		⊙0.40	⊙0.30	⊙0.15	△仅适用于为压实岩石填方而特殊设计的压路机。 ⊙是最为适用的标记
	10(5)t	0.75	⊙0.50	⊙0.40	0.20	
	15(10)t	⊙1.5	⊙1.00	⊙0.70	⊙0.35	
	8(4)t 凸块式		0.40	⊙0.30	⊙0.20	
	8(7)t 凸块式		0.60	⊙0.40	⊙0.30	
	15(10)t 凸块		1.00	⊙0.70	0.40	
两轮振动压路机	2t		0.30	0.20	0.10	
	7t		⊙0.40	0.30	0.15	
	10t		⊙0.50	⊙0.35	0.20	
	13t		⊙0.60	⊙0.45	⊙0.25	
	18t 凸块式		0.90	⊙0.70	⊙0.40	

2. 各种压路机的使用技术性能(表4-2)

各种压路机的使用技术性能　　表4-2

压路机类型	使用技术性能		
	最佳压实厚度(cm)	碾压次数	适用范围
自行式光轮压路机			
5t	10~15	12~16	各类土
10t	15~25	8~10	各类土
12t	20~30	6~8	各类土
拖式光轮压路机			
5t	10~15	8~10	各类土
拖式轮胎式压路机			
10t	15~20	8~10	各类土
25t	25~45	6~8	各类土
50t	40~70	5~7	各类土
振动压路机			
0.75t	50	2	非黏性土
6.5t	120~150	2	非黏性土

3. 冲击式压路机的最大压实厚度

（1）不同类型的冲击压路机的适用条件见表4-3。

不同类型的冲击压路机的适用条件　　表4-3

用途 冲击 压路机型号	地基与路堑冲击	土石混填、填石路堤分层冲击	路基补强冲击	旧砂石（沥青）路面冲击	旧水泥路面冲击
三边形（25kJ）	适合	适合	适合	适合	不宜采用
四边形	效果一般	效果一般	效果一般	效果一般	适合
五边形	效果一般	效果一般	效果一般	效果一般	适合

（2）冲击遍数及层厚

①关于地基冲击，目前尚未对不同型号的冲击压路机进行详细效能试验，综合分析河北、甘肃、河南、青海等地冲击实例，20kJ 处理湿陷性黄土地基有效影响深度为 1.1m 左右，而 25kJ 为 1.4m 左右。湿陷性黄土地基以 9～12km/h 行进速度冲击压实 20～40 遍，其他地基 10～20 遍。

②关于填石路堤、土石混填路堤分层冲压，根据北京、广西、贵州、重庆等地实例综合分析，一般情况下压实分层厚度为80～100cm，风化砂粒土、砂砾的压实分层厚度为 60cm，填料的最大粒径不大于 40cm，25kJ 的冲击压路机每层冲击压实 20～30 遍，但不宜超过 30 遍，否则应减薄层厚。

③路基补强冲击压实的分层补压厚度一般为 2.0～2.5m，细粒土取小值，反之取大值。一般压实遍数为 10～20 遍，20 遍之后其补压的技术经济性不明显。

④关于旧路改建冲击碾压，根据宁夏、内蒙、黑龙江、江苏等地旧路冲击压实情况，其有效压实深度一般不超过 1m。

⑤旧水泥混凝土路面的冲击碾压，宜将面板破碎成 50cm 左右的板块，各板块应相互嵌挤、密实，不过度破碎、松散。采用

四边形冲击压路机一般为7~15遍，五边形冲击压路机为10~20遍。

调查研究结果表明，每种填料的松铺厚度应以现场使用的材料、压实机具组合、压实工艺、压实速度、压实遍数等工艺参数试验确定。

4 土质路基压实度应符合表4.2.2-1的规定

土质路基压实度标准　　表4.2.2-1

<table>
<tr><th colspan="2" rowspan="2">填挖类型</th><th rowspan="2">路床顶面以下深度(m)</th><th colspan="3">压实度(%)</th></tr>
<tr><th>高速公路一级公路</th><th>二级公路</th><th>三、四级公路</th></tr>
<tr><td rowspan="4">路堤</td><td>上路床</td><td>0~0.30</td><td>≥96(95)</td><td>≥95(93)</td><td>≥94(93)</td></tr>
<tr><td>下路床</td><td>0.30~0.80</td><td>≥96(95)</td><td>≥95(93)</td><td>≥94(93)</td></tr>
<tr><td>上路堤</td><td>0.80~1.50</td><td>≥94(93)</td><td>≥94(90)</td><td>≥93(90)</td></tr>
<tr><td>下路堤</td><td>>1.50</td><td>≥93(90)</td><td>≥92(90)</td><td>≥90(90)</td></tr>
<tr><td colspan="2" rowspan="2">零填及挖方路基</td><td>0~0.30</td><td>≥96(95)</td><td>≥95(93)</td><td>≥94(93)</td></tr>
<tr><td>0.30~0.80</td><td>≥96</td><td>≥95</td><td>—</td></tr>
</table>

注：1. 表列压实度以《公路土工试验规程》重型击实试验法为准。
2. 三、四级公路铺筑水泥混凝土路面或沥青混凝土路面时，其压实度应采用二级公路的规定值。
3. 路堤采用特殊填料或处于特殊气候地区时，压实度标准根据试验路在保证路基强度要求的前提下可适当降低。
4. 特别干旱地区的压实度标准可降低2%~3%。

关于压实标准的说明：

(1)表4.2.2-1中括号内数字为原规范的压实标准，原规范把二级和二级以下公路称为其他公路。

(2)表4.2.2-1路堤压实度标准是《公路工程技术标准》(JTG B01—2003)规定的，该标准将高速公路、一级公路1.50m以下的路堤压实度标准从90%提高到93%，1.50m以上各层分别提高一个百分点；二级公路 1.50m 以下从 90% 提高到 92%，0.80～1.50m 从 90% 提高到 94%，0～0.80m 从 93% 提高到 95%；三、四级公路也作了一些调整。路基设计规范已经使用了这个压实标准，因此本规范必须使用这个标准。

(3)由于压实标准的提高，路基设计规范也提高了地基表面压实度，规定二级以上公路不小于 90%，三、四级公路不小于 85%。本规范只得按该标准执行。

(4)原规范表 9.7.4.1 路基压实标准(轻型)采用了轻型击实标准，本规范将其废弃，完全采用重型击实标准。

(5)重型击实标准不完全适合特殊路基施工，但在新规范中，针对湿黏土、红黏土、中弱膨胀土问题，提出了使用重型压实标准降低的范围及降低的限制条件来解决施工压实质量控制问题。

5 压实度检测应符合以下规定：

2)施工过程中，每一压实层均应检验压实度，检测频率为每 $1000m^2$ 至少检验 2 点，不足 $1000m^2$ 时检验 2 点，必要时可根据需要增加检验点。

压实度检测频率，原规范为每 $2000m^2$ 检验 8 点，而在实际施工过程中，压实度检测工作由于检测点过多，往往很难满足机械化施工和施工进度的要求。为了既不降低对压实质量的要求，又适应机械化施工的需要，本次修订时，经专家充分讨论，将检测频率修改为每 $1000m^2$ 至少检验 2 点。如认为该规定不能满足要求，可根据实际情况提高检测频率。

这里需要说明一下，机械化施工作业，只要认真地控制好施工程序、施工工艺及填料等因素，在同一工作面上，各点的压实度差异是非常小的，一般情况下 $1000m^2$ 检查 2 点是具有代表性的。

4.2.3　填石路堤

1　填料应符合以下规定：

1)膨胀岩石、易溶性岩石不宜直接用于路堤填筑，强风化石料、崩解性岩石和盐化岩石不得直接用于路堤填筑。

2)路堤填料粒径应不大于500mm，并不宜超过层厚的2/3，不均匀系数宜为15～20。路床底面以下400mm范围内，填料粒径应小于150mm。

3)路床填料粒径应小于100mm。

2　基底处理应符合以下规定：

1)除满足4.2.2条第1款的规定外，承载力应满足设计要求。

2)在非岩石地基上，填筑填石路堤前，应按设计要求设过渡层。

3　填筑应符合以下规定：

1)路堤施工前，应先修筑试验路段，确定满足表4.2.3-1中孔隙率标准的松铺厚度、压实机械型号及组合、压实速度及压实遍数、沉降差等参数。

2)路床施工前，应先修筑试验路段，确定能达到最大压实干密度的松铺厚度、压实机械型号及组合、压实速度及压实遍数、沉降差等参数。

3)二级及二级以上公路的填石路堤应分层填筑压实。二级以下砂石路面公路在陡峻山坡地段施工特别困难时，可采用倾填的方式将石料填筑于路堤下部，但在路床底面以下不小于1.0m范围内仍应分层填筑压实。

4)岩性相差较大的填料应分层或分段填筑。严禁将软质石料与硬质石料混合使用。

5)中硬、硬质石料填筑路堤时，应进行边坡码砌，码砌边坡的石料强度、尺寸及码砌厚度应符合设计要求。边坡码砌与路基填筑宜基本同步进行。

6）压实机械宜选用自重不小于18t的振动压路机。

7）在填石路堤顶面与细粒土填土层之间应按设计要求设过渡层。

4 填石路堤施工质量应符合以下规定：

1）上下路堤的压实质量标准见表4.2.3-1。

填石路堤上、下路堤压实质量标准 表4.2.3-1

分区	路床顶面以下深度（m）	硬质石料孔隙率（%）	中硬石料孔隙率（%）	软质石料孔隙率（%）
上路堤	0.8～1.50	≤23	≤22	≤20
下路堤	>1.50	≤25	≤24	≤22

2）填石路堤施工过程中的每一压实层，可用试验路段确定的工艺流程和工艺参数，控制压实过程；用试验路段确定的沉降差指标检测压实质量。

本次规范修订对填石路堤进行了施工工艺试验，还对国内相关资料进行了调研，同时也借鉴了有关省、市的填石路堤科研成果及成熟的经验。

（1）根据填石路堤工艺试验和有关经验，提出了最大粒径、不均匀系数及路床底面以下400mm范围内对填料粒径的要求。

对于石灰岩一类硬质岩，在路堤填筑区，最大粒径宜控制在350～500mm，不均匀系数宜控制在15～20范围内，同时粒径大于200mm的填料含量应控制在20%～40%，粒径在20mm以下的填料含量应控制在10%～15%。对于砂岩，在路堤填筑区，最大粒径宜控制在300～400mm，不均匀系数宜控制在15～20范围内，同时粒径大于200mm的填料含量应控制在20%～30%，粒径在20mm以下的填料含量应控制在10%～20%。

（2）对基底处理提出承载力要求。非岩石地基应设置过渡层。

路床底面以下一定范围控制填料粒径，可以提高路床的平整度，使其受力均匀，并有利于与路面底层的联结。

由于填石路堤的填料比较坚硬，压实难度大且透水性强，水容易从路面边坡等部位进入基底使路基湿软以致造成不均匀沉降，为防止地基承载力不足而导致路基整体工后沉降过大或失稳破坏，因此除了满足 4.2.2 条第 1 款的规定外，不同填高的路堤还应满足不同的地基承载力要求：路堤高度小于 10m 时，地基承载力不宜低于 150kPa；路堤高度为 10～20m 时，地基承载力不宜低于 200kPa；路堤高度大于 20m 时，路基宜填筑在岩石地基上。

当为细粒土地基时，应按设计要求设过渡层；当为岩石和细粒土组合地基时，应将岩石凿平，并在细粒土部位设过渡层。注意：路堤基底范围内，可能因地面水或地下水影响路基的稳定时，应采取必要的引排、拦截等措施或在路堤底部填筑不易风化的、透水性好的填料。

(3) 填筑前应先修筑试验路段，确定满足规范表 4.2.3-1 中孔隙率标准的松铺厚度、压实机械型号及组合、压实速度及压实遍数、沉降差等参数。

在实际施工中，沉降差可以这样测定：以每个横断面的测量数据为基本分析单位。在对松铺层初平初压后，在同一横断面上选 7～11 点测量初始标高，终压完成后，在对应初始标高的测量点上测量终压标高，将终压标高减去初始标高并综合平均后，作为该断面的沉降差。

(4) 填石路堤的填料石质、压实及摊铺机具的功率是影响填筑层厚和最大粒径的主要因素。广东省高速公路的科研成果提出，使用推土机、振动压路机时，对不同强度石料的填石路堤的压实层厚以及摊铺、压实机具要求见表 4-4、表 4-5、表 4-6。

硬质石料填石路堤 表4-4

路床顶面以下深度(m)	路堤分区	最大松铺层厚(mm)	最大粒径(mm)	施工机具	
				振动压路机(t)	推土机(kW)
>1.5	下路堤	800	500	≥16	≥250
		600	400	≥14	≥200
0.8~1.5	上路堤	600	400	≥16	≥250
		500	300	≥14	≥200

中硬石料填石路堤 表4-5

路床顶面以下深度(m)	路堤分区	最大压实层厚(mm)	最大粒径(mm)	施工机具	
				振动压路机(t)	推土机(kW)
>1.5	下路堤	600	500	≥16	≥200
		500	400	≥14	≥150
0.8~1.5	上路堤	500	400	≥16	≥200
		400	300	≥14	≥150

软质石料填石路堤 表4-6

路床顶面以下深度(m)	路堤分区	最大压实层厚(mm)	最大粒径(mm)	施工机具	
				振动压路机(t)	推土机(kW)
>1.5	下路堤	500	500	≥14	≥200
0.8~1.5	上路堤	400	400	≥14	≥150

注:除硬质石料路堤表中的层厚为松铺层厚外,其余两表中的层厚为压实后的层厚。

(5)高填石路堤的施工,有条件时也可采用冲击压路机进行分层填筑与压实。冲击压路机碾压后的路基表层平整度差,只适宜在上路床以下部位施工,对于冲压后的松散表层不必重新刮平、压实即可进行上一层的填筑。

(6)二级及二级以上公路的填石路堤应分层填筑压实。二级以下砂石路面公路在陡峻山坡地段施工特别困难时,可采用倾填的方式将石料填筑于路堤下部。注意:原规范规定二级及二级以下的砂石路面公路可以采用倾填的方式,新规范规定二级公路不可以。

(7)新规范还规定填石路堤顶与细粒土填土层之间应设置过渡层。

在粗粒料的填石路堤上面填细粒土时,宜设过渡层。已有的资料表明:当 R15/F85 >5 时,必须设置过渡层。该过渡层应满足 M15/F15 >5、M15/F85 <5。

注:R15 为粗粒料中通过率 15% 的粒径;

M15 为过渡层材料通过 15% 时的粒径;

F15 为细粒料中通过率 15% 的粒径;

F85 为细粒料中通过率 85% 的粒径。

填石路堤之上的填土,应在填石顶面上与填土之间设 2 ~3 层碎石过渡层。如填石路堤最大粒径为 300mm,层厚为 500mm,则过渡层厚 400mm。第一过渡层可设粒径 150mm,厚 250mm;第二过渡层可设粒径为 60mm,厚 150mm。

4.2.5 高填方路堤

1 高填方路堤填料宜优先采用强度高、水稳性好的材料,或采用轻质材料。受水淹、浸的部分,应采用水稳性和透水性均好的材料。

2 基底处理应符合下列规定:

1)基底承载力应满足设计要求。特殊地段或承载力不足的地基应按设计要求进行处理。

2)覆盖层较浅的岩石地基,宜清除覆盖层。

3 高填方路堤填筑应符合下列规定:

1)施工中应按设计要求预留路堤高度与宽度,并进行动态监控。

2)施工过程中宜进行沉降观测,按照设计要求控制填筑速率。

3)高填方路堤宜优先安排施工。

高填方路堤的后变形与破坏,对道路的交通安全有很大的威胁,所以在设计、施工中应给予高度重视。

1. 高填方路堤病害调查与分析

某些高填方路堤的病害调查与分析见表4-7~表4-11。

某高速公路高填方路堤破坏现象及原因 表4-7

序号	桩号	中心填高(m)	路堤型式	破坏现象	病害的主要原因
1	K727+800~+950	26.5	斜坡上路堤	不均匀沉降,路面开裂	排水不良,填料不佳
2	K667+300~+575	31.5	一般路堤		
3	K412+090~+250	14.0	半填半挖路堤	不均匀沉降,路面开裂	排水不畅,填料不佳,填挖交界及台阶处理不当,古滑坡,压实不足
4	K419+500	18.1	一般高路堤		填挖交界及台阶处理不当
5	K424+500~+700	16.0	一般高路堤	不均匀沉降,路面开裂	填挖交界及台阶处理不当,填筑速度过快
6	K430+900	36.0	有护脚挡墙的半填半挖路堤	不均匀沉降,路面开裂	排水不良,填挖交界及台阶处理不当、压实不足
7	K432+600	35.0	半填半挖路堤	不均匀沉降,路面开裂	排水不良,填料不佳,填挖交界及台阶处理不当

续上表

序号	桩　　号	中心填高(m)	路堤型式	破坏现象	病害的主要原因
8	K447 +200	36.1	斜坡上路堤	不均匀沉降，路面开裂	排水不良，填挖交界及台阶处理不当
9	K447 +800	26.4	一般路堤		
10	K448 +950	20.4	一般路堤		填挖交界及台阶处理不当
11	K465 +720	28.8	斜坡上路堤	不均匀沉降，路面开裂	排水不良，填料不佳，存在软基
12	K467 +550	26.0	一般路堤	不均匀沉降，路面开裂	排水不良，填挖交界及台阶处理不当，软基压缩变形过大

某高速公路路堤稳定和不均匀沉降情况(一)　　表4-8

段落桩号	中心填高(m)	断面型式	破坏现象	主要原因分析
K22 +960 ~ K23 +010	7	一般路堤	纵向路面裂缝，距路基顶边缘2 ~3m处，长度约20m	地基未处理好
K75 +500 ~ +600	10	一般路堤	纵向路面裂缝，距路基顶右侧边缘2.5m处	右侧高，设一路肩重力式砌石挡墙，挡墙侧位移引起裂缝
K70 +620 ~ +670	-1.5	条带型斜坡路堤	纵向路面裂缝，距路基顶右侧边缘4.0m处	路堤稳定性不足
K70 +830 ~ +950(江西坡滑坡段)		路基挖填均有	路基塌陷	选线未探明原地基情况，路基走在一直处于蠕变状态滑坡的中上部，少量的开挖回填便诱发滑动体滑动

某高速公路路堤稳定和不均匀沉降情况(二)　　表4-9

段落桩号	中心填高(m)	断面型式	破坏现象	主要原因分析
K43+450~+720	25.0	一般路堤	路面不平整	沟谷相稻田软基
K49+000~+220	16.0	一般路堤	路面不平整	沟谷相稻田软基
K49+620~+880	20.0	一般路堤	路面严重不平整,且有纵向裂缝	沟谷相稻田软基
K51+580~+820	14.0	斜坡地基路堤	路面不平整,且有纵向裂缝	填挖交界未处理好
K52+180~+680	11.0	斜坡地基路堤	路面不平整,且有纵向裂缝	填挖交界未处理好
K53+520桥头填方	7.0	一般路堤	路面不平整,且有纵向裂缝	地基中存在软弱层

某高速公路路堤破坏情况(一)　　表4-10

段落桩号	中心填高(m)	断面型式	破坏现象	主要原因分析
K101+500	14.6	一般路堤	纵向裂缝	地基处理不好或新旧路基交接处压实不良
K102+600	16.3	半填半挖路堤	纵向裂缝,裂缝宽度小于5mm,深度较深	属差异沉降裂缝,地基覆盖土层清理不彻底,台阶未做好
K151+500	19	一般路堤	纵横裂缝,纵向为主	沟谷相软基,变形较大
K167+800	18	斜坡路堤	纵向裂缝,缝宽大于1cm,坡面出现鼓起	填筑质量不好

续上表

段落桩号	中心填高（m）	断面型式	破坏现象	主要原因分析
K167+260~+380	0	半填半挖路堤	滑动破坏	原始地基坡面较陡，覆盖土层为残坡积土，地下水丰富，清理不彻底
K179+040~+240	19	一般路堤	填筑到13m高时，出现滑动破坏	地基未勘探清楚，未进行地基处理
K179+100~+160	19.87	一般路堤	滑动破坏	沟谷相软基，对地基强度估计过高，采用塑料排水板处理，未控制好填筑速率
K180+400~+660	15.4	一般路堤	填筑到13m高时，出现滑动破坏	地基未勘探清楚，未进行地基处理
K188+560	10.8	半填半挖路堤	纵向裂缝，张开5mm，深50cm	地基高差大（10多米），属差异沉降裂缝

某高速公路路堤破坏情况（二） 表4-11

段落桩号	中心填高（m）	断面型式	破坏现象	主要原因分析
K446+750	7.0	半填半挖路堤	横向裂缝，位于纵向填挖结合部	路线右侧洼地排水未处理好，填挖结合部也未设盲沟
K449+700	10.0	半填半挖路堤	横向裂缝，位于纵向填挖结合部	路线右侧洼地排水未处理好，填挖结合部也未设盲沟
K508+100	5.0	半填半挖路堤	纵向裂缝，距路基顶边缘5m左右	路线右侧洼地排水未处理好，填挖结合部也未设盲沟

2. 高路堤病害类型及成因分析

（1）病害类型

综上所述，高填方路堤中可能出现的病害类型表现为：

①边坡滑塌（失稳）；

②纵向裂缝；

③不均匀变形。

（2）病害成因分析

从调查的高速公路情况看，路堤破坏主要表现在失稳和不均匀沉降两个方面。在施工中出现整体失稳的情况时有发生，多数出现在山区局部软基地段。由于对发生整体失稳的路段在施工期已采取措施进行了处治，因此，公路建成后发生整体失稳的情况并不多见，常见的是不均匀沉降，表现为局部塌陷和路面严重的不平整。从一定意义上讲，局部塌陷是路基整体不稳定的一种表现。

尽管现行《公路路基设计规范》（JTG D30—2004）强调了高填路堤和陡斜坡路堤的设计，但出现的稳定性问题较多，值得关注的仍然是这两类路堤。对一般型式的高填路堤，地基尤其是局部软基处理不彻底是导致路堤失稳的主要原因；对陡斜坡路堤，路堤与地基结合部处理不当，排水设施不完善，是导致路堤失稳的主要原因。

归纳起来，引起路堤破坏的原因，主要有以下几个方面：

①设计方面

a. 地基地质条件未引起足够的重视，勘探不仔细；

b. 地基加固措施设计不合理或未予处理；

c. 路基断面设计不合理；

d. 排水系统设计不完善。

②施工方面

a. 原地基未处理或处治不彻底；

b. 路堤填筑材料选用不当；

c. 路堤施工工艺不合理；

d. 施工期临时排水设置不合理。

③其他方面

a. 路堤压实评价标准偏低；

b. 路堤沉降控制未予重视。

在总结这些经验与教训的基础上制订了规范条文。

3. 新规范对高填方路堤填筑的要求

本次规范修订前对高填方路堤施工工艺进行了试验研究，调查、分析研究了高路堤病害类型、形成原因，调查了国内高填方施工经验。与原规范比，新规范对高填方路堤填筑提出下列要求：

(1)对填筑材料、基底处理提出的要求更明确。

高填方路堤的基底承受的荷载很大，一般应进行路堤稳定性验算和对基底土的承压强度值进行检查。如对原地基进行常规压实仍不能满足稳定验算要求时，应对地基进行加固处理。

(2)对施工提出了填筑速率、施工过程动态监控。

通过施工过程中的动态监控，用沉降观测来指导高填方路堤施工有很多成功的范例。高路堤施工期的动态监控非常重要，通过控制高填方的沉降速率来控制其填筑速率，是保障路堤稳定性、减少工程损失的必要手段。重庆交通科研设计院在四川成雅高速公路和成南高速公路上，对高路堤实行动态监控，取得了良好效果。施工监控的目的为：一方面有效地控制了施工填筑速率、保证了路堤的稳定性；另一方面及时反映出前期处理方案存在的问题，为进一步调整方案提供了基本资料和赢得了时间；再者，为后期路面的铺装提出了建议。尤其对高速公路和一级公路工程的高路堤应加强稳定和沉降的动态监控。

(3)宜先安排施工。

因为高填方路堤的地基土体,由于填筑体对其施加了较大压力,会产生压缩变形,填筑体在自身重力作用下也要压密变形,这两个变形都需要一定的时间才能完成,并逐步达到稳定,因此,优先安排施工是非常必要的。

4.2.7 半填半挖路基、路堤与路堑过渡段

1 基底处理应符合下列规定:

1)应从填方坡脚起向上设置向内侧倾斜的台阶,台阶宽度不小于2m,在挖方一侧,台阶应与每个行车道宽度一致、位置重合。

2)石质山坡,应清除原地面松散风化层,按设计开凿台阶。

3)孤石、石笋应清除。

4)纵向填挖结合段,应合理设置台阶。

5)有地下水或地面水汇流的路段,应采用合理措施导排水流。

2 施工应符合下列规定:

1)路基应从最低标高处的台阶开始分层填筑,分层压实。

2)填筑时,应严格处理横向、纵向、原地面等结合界面,确保路基的整体性。

3)路基填筑过程中,应及时清理设计边坡外的松土、弃土。

4)高度小于800mm的路堤、零填及挖方路床的加固换填宜选用水稳性较好的材料。

关于半填半挖路基、路堤与路堑过渡段施工,原规范没有明确规定。由于这些地段特殊,设计、施工如考虑不周,将出现较多问题。因此本次规范修订对此提出了地基处理、施工填筑要求,以保证工程质量。

半填半挖路基、路堤与路堑过渡段,一般都是地面横坡较

陡、路线通过深谷地段，因此，应特别注意填挖结合部的处理。如果填挖结合的界面处理不好，就会造成路基纵、横向开裂，严重的会导致半幅路基下沉、滑坍的质量事故。

陡坡地段的半填半挖路基，在山坡自然坡上挖台阶。日本规范规定，为保证高等级公路道路的均匀性，规定中央分隔带之外挖方一侧，不足一幅行车道宽度时，路床深度范围内的原土基应予挖除换填，以确保半填半挖路基的稳定。结合我国实际情况，挖除换填范围宜为一个行车道的宽度，厚度为上路床深度，以增加路基的均匀性和稳定性。

水是路基病害之源，而半填半挖路基、路堤与路堑的过渡段都较靠近地面，易受水的浸害，排除地下水，切断地表水补给，是保证路基稳定的必要措施。

由于半填半挖路基、路堤与路堑过渡段都地处于陡坡、沟谷地段，施工极不方便，施工初期可能使用小型机碾压或夯实，施工时应注意机具功能与填层厚度的匹配，确保填层达到压实标准；高处卸料应控制摊铺的离析。待具备条件时，使用大型设备按正常条件施工。

半填半挖处、0 ~ 0.30m 的低路堤、零填及挖方路床都受地质环境和地下水的较大影响，因此选择适合的填料或恰当的土质改良措施是非常必要的。

半填半挖高填方路堤的地基多数是不会在设计边坡外挖台阶的，如果在边坡上堆积多余的松散弃土，受雨水浸湿后增加重量，强度降低，随坡下滑时，会使路堤内的部分边坡被牵引下滑，从而引起路堤顶面开裂。

4.4 轻质填料路堤施工

关于轻质填料路堤施工，原规范中没有，这是新规范增加的一节。

4.4.1 粉煤灰路堤

新规范将《公路粉煤灰路堤设计与施工技术规范》(JTJ 016—93)中关于施工技术方面的部分内容纳入，该部分在《公路粉煤灰路堤设计与施工技术规范》(JTJ 016—93)的基础上加以修改形成。

本规范对粉煤灰路堤施工的材料品质、储运方法、填筑规定、质量要求等作了规定，简单明确。

粉煤灰用作路堤填料，它有哪些路用特点呢？粉煤灰是一种排放量很大的工业废料。据有关资料介绍，2004 年全国的火力发电厂年排灰量在 5000 万吨以上，而且随着电力工业的发展，以每年 600 万吨的速度骤增。这些灰，长期大量堆放，既占用了农田、土地资源，又严重污染了环境。国内粉煤灰目前利用率仍很低，利用粉煤灰的一系列技术问题成为一个十分重要的课题。

近年来，我国高等级道路迅猛发展，高等级道路的普遍特点是路堤较高，路堤需要大量填料。而在广大的平原地区就存在一个大量取土占用农田的问题；同时，有的路段要经过软土地区，采用一种轻质填料，无疑对路堤的稳定有重要意义。粉煤灰的压实密度仅为一般黏性土压实密度的 3/4，它不仅是一种轻质填料，而且是一种廉价材料。所以大量修筑一些粉煤灰路堤，"以灰代土"，具有重要的经济效益和社会效益。

粉煤灰的路用性质：

粉煤灰是原煤经粉碎加工在高温下燃烧熔化后，冷凝残留的烧结物，呈玻璃质结构。据有关资料介绍，在电子显微镜下放大 650 ~ 13000 倍观察，可见粉煤灰颗粒呈单粒结构，系由大小不等的圆球形颗粒组成，颗粒表面轮廓线圆滑，无棱角，颗粒上有漏斗状孔洞。粉煤灰组织疏松，其中 50% ~ 70% 为空心的玻璃质球体。

质量轻是粉煤灰的一大特点，见表 4-12。决定粉煤灰质轻的原因有二：其一是粉煤灰的主要化学成分为 SiO_2、Al_2O_3 等，这些成分比黏土的矿物成分质量（相对密度）要小；其二是粉煤灰本身颗粒是由一些空心的和实心的微粒组成的混合体，同时，粉煤灰颗粒相对比较均匀单一，其均匀的颗粒级配决定了其孔隙比较大。

不同填料容重及有关指标比较 表 4-12

填料名称	压实后容重（kN/m³）	最大干容重（kN/m³）	相对密度	压实后最小孔隙比
粉煤灰	14.0～14.5	9.0～10.5	1.95～2.15	1.10～1.20
黏性土	19.0～20.5	16.0～18.5	2.70～2.76	0.50～0.70
砂土	19.0～20.0	16.0～18.0	2.65～2.69	0.60～0.70

粉煤灰的第二个特点是其无黏性或黏性极小。表 4-13 比较了不同类型粉煤灰的颗粒组成，一般粉煤灰主要成分是粉粒，而小于 0.002mm 颗粒极少。粉煤灰一般不能搓成条或很难搓成条，所以没有塑指。粉煤灰液限较大。据实测资料发现，粉煤灰颗粒愈粗，其液限值愈大。分析其原因，可能与其空心颗粒含量有关，一般颗粒愈粗，其空心颗粒含量愈多，所以其液限值愈大。粉煤灰的这一性质与土的规律性正好相反。该规律性还需进一步证实。

邯郸电厂不同类型粉煤灰的颗粒组成 表 4-13

粉煤灰类型	颗粒组成（mm）						平均粒径（mm）D_0	不均匀系数 C_u
	2～0.5	0.5～0.25	0.25～0.1	0.1～0.074	0.074～0.002	<0.002		
细灰			4.2	17.6	70.1	8.1	0.018	21.0
混合灰		19.8	35.0	5.2	32.01	7.9	0.12	63.0
粗灰	7.5	9.0	52.5	6.5	24.5	0	0.2	8.8

从总体上说，粉煤灰为轻质的、颗粒均匀的、多孔隙无黏性材料，可以作为路堤填料。但是随着其成因、产状的不同，颗粒

组成的差异，同一灰场的灰，可呈现完全不同的压实性质，所以很有必要根据其粒度成分的不同对粉煤灰进行分类，以便在施工和检验工作中更有针对性，合理安排施工。粉煤灰可按颗粒组成的不同，分为细灰（A）、混合灰（B）、粗灰（C）三个类别。图 4-1 为不同灰的颗粒级配曲线。表 4-14 为邯郸电厂粉煤灰分类鉴别特性，该分类亦可在其他灰场粉煤灰施工中参考使用。

邯郸电厂粉煤灰物理性质及击实试验资料　　表 4-14

项目 层位	天然容重（kN/m^3）	相对密度	液限（%）	细度	毛细管上升高度（m）	最大干容重（kN/m^3）	最佳含水量（%）
表层	6.8	1.96	72.9	0.19	1.30	10.1	36.1
下层	6.0	1.95	64.4	0.21	1.20	10.2	40.8

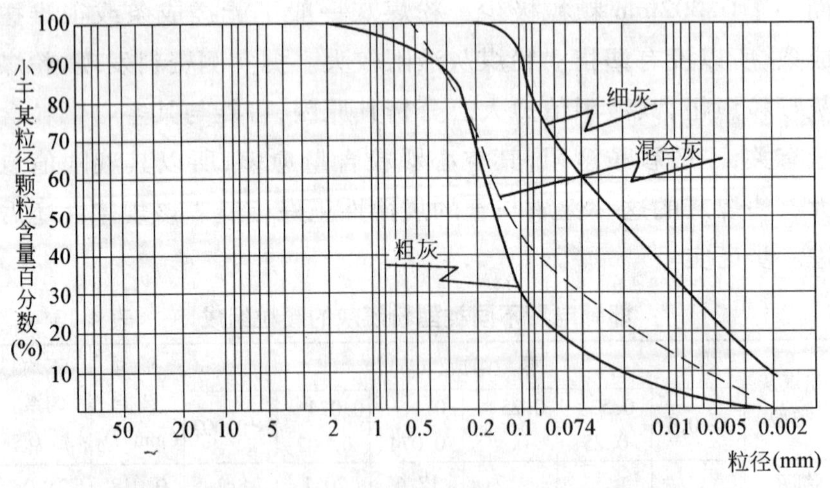

图 4-1　不同类型粉煤灰颗粒级配曲线

粉煤灰的第三个特点是其透水性较大，且饱水后强度急剧降低，表 4-15 列出了部分力学指标。为了保证路堤的稳定，粉煤灰在施工中应有严格的隔水、排水措施。

粉煤灰力学试验资料　　表4-15

压实度(%) 项目		邯郸电厂粉煤灰				邢台电厂粉煤灰	
		90	93	95	100	90	95
回弹模量(饱水)(MPa)	下层		12.2	12.7		10.3	14.3
回弹模量(不饱水)(MPa)	表层	35.2	36.5	40.0	46.9		
	下层	36.3	36.8	41.5	53.6		
承载比(饱水)			6.1	8.5		6.5	10.9
抗剪强度(饱水)	c(kPa)		10			10	
	φ(°)		31.5			32	
抗剪强度(不饱水)	c(kPa)			30	50		
	φ(°)			39	41		

粉煤灰路堤施工时，粉煤灰的含水量大，运输不经济，含水量小会造成飞扬、流失，还污染环境，同时含水量过大或过小都不易压实。故应在灰场内调节好含水量，以方便运输，也便于摊铺。存放时应注意表面含水量，避免飞扬。施工时，以达到1.0~1.1倍的最佳含水量为度，其加水计算公式为：

$$Q = \frac{L \times B \times H \times \rho_{LW}}{1 + 0.01 w_0} \times 0.01(w_1 - w_0) \tag{4-1}$$

式中：Q——所需加水量(kg)；

L——路段长度(m)；

B——路段宽度(m)；

H——松铺厚度(m)；

ρ_{LW}——松铺湿密度(kg/m^3)；

w_0——粉煤灰原始含水量(%)；

w_1——粉煤灰要求达到的含水量(%)。

粉煤灰路堤填筑时，压实度与碾压机具压实功能的大小、摊铺厚度、最佳含水量控制、碾压遍数等因素密切相关。其中碾压机械压实功能的大小至关重要。总的趋势是要求采用大吨位(20～50t)的振动压路机或振动羊足碾压路机进行压实作业,能取得满意的压实效果。粉煤灰的现场压实度检测试验方法同细粒土,《公路土工试验规程》(JTJ 051—93)规定的环刀法和灌砂法两种试验方法均可采用。通过实践总结得出,环刀法比灌砂法的结果偏小1%左右。因粉煤灰的颗粒较细,应以环刀法为准,而取样位置应在压实层中间部位,以代表压实层的平均水平。

4.4.2 EPS路堤

1 EPS块体在工地堆放时,应采取防火、防风、防雨水滞留、防有机溶剂及石油类油剂的侵蚀等保护措施,采取措施避免强阳光直接照射。

2 垫层应厚度均匀、密实,垫层宽度宜超过路基边缘0.5～1m。

3 EPS块体铺筑应符合下列规定:

1)非标准尺寸EPS块体宜在生产车间加工。现场加工时,宜用电热丝进行切割。

2)施工基面必须保持干燥。EPS块体应逐层错缝铺设。允许偏差范围之内的缝隙或高差,可用砂或无收缩水泥砂浆找平。

3)严禁重型机械直接在EPS块体上行驶。

4)与其他填料路堤或旧路基的接头处,EPS块体应呈台阶状铺设。

5)最底层块体与垫层之间、同一层块体侧面联结、不同层的块体之间的联结应牢固,联结件应进行防锈处理。

6)EPS块体顶面的钢筋混凝土薄板、土工膜或土工织物等,应覆盖全部EPS块体,并向土质护坡延伸0.5～1.0m。

7)EPS路堤两边的土质护坡,坡面法向厚度应不小于0.25m,分层碾压夯实,防渗土工膜宜分级回包。

4 EPS路堤质量应符合表4.4.2的规定。

EPS 路堤质量标准 表 4.4.2

项次	检测项目		规定值或允许偏差	检查方法和频率
1	EPS 块体尺寸	长度	1/100	卷尺丈量,抽样频率:$<2000m^3$ 抽检 2 块,$2000 \sim 5000m^3$ 抽检 3 块,$5000 \sim 10000m^3$ 抽检 4 块,$\geqslant 10000m^3$ 每 $2000m^3$ 抽检 1 块
		宽度	1/100	
		厚度	1/100	
2	EPS 块体密度		≥设计值	天平,抽样频率同项次 1
3	基底压实度		≥设计值	环刀法或灌砂法,每 $1000m^2$ 检测 2 点
4	垫层平整度(mm)		10	3m 直尺,每 20m 检查 3 点
5	EPS 块体之间平整度(mm)		20	3m 直尺,每 20m 检查 3 点
6	EPS 块体之间缝隙、错台(mm)		10	卷尺丈量,每 20m 检查 1 点
7	EPS 块体路堤顶面横坡(%)		±0.5	水准仪,每 20m 检查 6 点
8	护坡宽度		≥设计值	卷尺丈量,每 40m 检查 1 点
9	钢筋混凝土板厚度(mm)		+10,-5	卷尺丈量,量板边,每块 2 点
10	钢筋混凝土板宽度(mm)		20	卷尺丈量,每 100m 检查 2 点
11	钢筋混凝土板强度		符合设计要求	抗压试验,每工作台班留 2 组试件
12	钢筋网间距(mm)		±10	卷尺丈量

注:路线曲线部分的 EPS 块体缝隙不得大于 50mm。

一 EPS 路堤

原规范没有 EPS 路堤,这是本次修订规范时增加的一条。

1. EPS 材料的特点

EPS 材料为硬质、闭孔的泡沫塑料,又称膨胀性聚苯乙烯,是一种新的建筑材料。EPS 材料具有重量轻、抗压性能好、耐热和抗冻性能均较佳、吸水率低、化学稳定性高,且易于加工等优点,见表 4-16。EPS 材料密度约 $0.02 \sim 0.04t/m^3$,约为土的

1/50～1/100。EPS 材料在国外已使用于土建工程各个领域。在我国,浙江省和广东省首先把 EPS 材料用于高速公路路堤工程,并且取得了成功。沪宁高速公路(江苏段)改扩建工程也使用了 EPS 材料。实践证明,EPS 材料具有很重要的实用价值。

EPS 材料的技术性能(GB 10801—89)　　表 4-16

项　目		指　标		
		I	II	III
表观密度(t/m^3),不小于		0.015	0.02	0.03
压缩强度(在 10% 形变下的压缩应力,kPa),不小于		60	100	150
导热系数[W/(m·K)],不大于		0.041	0.041	0.041
70℃、48h 后尺寸变化率(%),不大于		5	5	5
水蒸气透湿系数[ng/(Pa·m·s)],不大于		9.5	4.5	4.5
吸水率(体积比%),不大于		6	4	2
熔结性	断裂弯曲负荷(N),不小于	15	25	35
	弯曲变形(mm),不小于	20	20	20
氧指数(%),不小于		30	30	30

2. EPS 材料在公路工程中的应用

EPS 材料在软土地基路堤工程中主要的应用范围如下:

(1)作为路堤的轻质填筑料,降低基底荷载压力,减少软土地基的沉降量。

(2)作为拓宽路堤的轻质填筑料,降低拓宽路堤部位的基底压力,提高地基的稳定性,减少沉降和侧向变形,降低新路堤对老路堤的影响。

(3)作为桥头路堤连接部位的填筑料,降低基底应力,减少沉降和调节不均沉降,降低桥头结构的侧向压力,提高桥台的稳定性。

(4)作为挡墙结构或护岸结构墙背充填料,降低墙背侧向土压力,提高结构的稳定性。

(5)作为路堤下埋置的管道及结构物通道上的上覆填料，减轻上覆荷载压力，以防止或减小差异沉降。

(6)应用于处理路堤滑动后的修复，作为轻质填料，提高其稳定性。

3. EPS 路堤的结构和断面形式

EPS 路堤由砂垫层、EPS 块体、土质护坡、钢筋混凝土板保护层、挡墙或护脚以及路面结构层等部分组成。EPS 路堤的标准横断面见图 4-2。

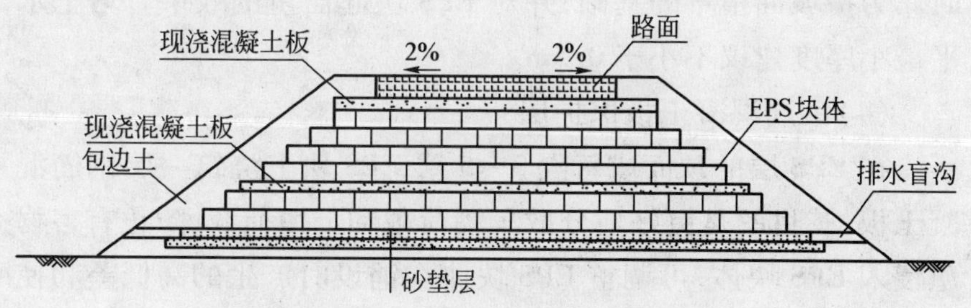

图 4-2　EPS 路堤的标准横断面

(1)设置砂垫层的目的是为了保证 EPS 块体平稳和受力均匀，砂垫层厚度一般为 10～20cm。

(2)EPS 块体厚度的确定。采用 EPS 材料主要是为了减轻路堤自重，减小作用于地基的应力及沉降。如设计考虑原地基不增加任何应力，可在原地面，掘削一定深度以 EPS 块置换。根据地基应力等效的原则，确定 EPS 块体需要铺设的厚度。因为 EPS 材料单价较贵，据分析，材料费占总工程费用的近 90%。为了减少 EPS 工程用量，在满足工后沉降和稳定的前提下，部分高度可以采用土路堤或粉煤灰路堤，上面采用 EPS 路堤，同样可以获得较好效果。

同时，为防止 EPS 层相互之间的错位，充分发挥 EPS 块体间的整体和刚度作用，采用联结件设法加以固定是必要的。联结件一般由 1mm 厚 A3 钢板冲轧而成。为防锈，采取镀锌处理。

一个联结件,约能产生 0.5kN 的抗力。设计时,联结件可按构造布置,沿 EPS 块体长度方向布置,间距不大于 1m。双面爪型联结件,用于上下两层 EPS 块体之间联结,单面爪型联结件用于 EPS 块体顶层或在中间现浇混凝土板下的 EPS 块体层顶面。

(3)护坡

EPS 路堤两侧必须培土护坡,其主要目的是对有害侵入物质或沿线可能有的火灾进行防护,并免遭日照紫外线的影响,同时作为护坡面植草的基础,并对 EPS 块起压重的效果。培土水平最小厚度建议不小于 0.5m。

(4)钢筋混凝土板保护层

在 EPS 层的顶面或每隔 3 ~ 5 层 EPS 块上浇筑一层钢筋混凝土板,其目的是更好地分散车辆荷载和上覆荷载,防止有害物质侵入 EPS 块体;可调整 EPS 块体在铺设时产生的高低差和使 EPS 块体铺设到一定高度形成一个整体。板的厚度可采用 10 ~ 15cm,按构造要求配置钢筋。

4. EPS 路堤的施工

(1)材料的进场和堆放

EPS 材料进场前应进行抗压强度、密度、燃烧的自灭性等抽检试验,不合格材料不准运进现场。EPS 标准块的尺寸为长 602cm、宽 194cm、厚 50cm。但在路堤高度调整部位、曲线部位以及与构造物的接触部位有可能需要将 EPS 块体加工成设计尺寸,这一工作应尽可能在工厂完成,必要时也可在现场用电热丝切割。铺砌前每一块 EPS 都须对照施工图进行编号,并检查几何尺寸是否满足要求。

EPS 材料堆放要注意防火、防晒、防雨水、防风吹,并防止溶剂的侵蚀。堆放时应考虑铺砌顺序按编号进行。

(2)EPS 块体铺砌

EPS 块体铺砌前先检查砂垫层平整度、基面台阶高度，并做好台前钢筋混凝土挡板。严格按施工图进行测量放样，按块体编号顺序进行铺砌。铺砌时 EPS 块间紧密排列，块间缝隙保持在 2cm 以内，曲线部分缝隙有可能超过 5cm，应采用砂、水泥砂浆等填塞。如果在铺设过程中块体间产生高差，宜采用砂垫层调平，使高差控制在 1cm 以内。铺砌采用倒退法，铺好的 EPS 块体上尽量避免人走动或机具堆放造成移动，同时，卡件和销钉要及时安装。纵向与填土路基相接部分，EPS 块体呈台阶铺砌搭接。

(3)钢筋混凝土板浇筑

对于多层铺设的 EPS 路堤，为了调整 EPS 块体间的高差，确保整体受力，在铺 3 ~ 5 层后，除顶板外还需设置中间混凝土板。上层 EPS 块体铺好后，即在其上铺焊钢筋网。混凝土可采用泵送或手推车运送。当采用手推车运送时，应加铺垫木板，以免损坏 EPS 块体。顶层 EPS 块体与路堤相接部分，考虑 EPS 块体铺筑段与相邻土路堤部分可能产生不均匀沉降，EPS 块体的上部现浇钢筋混凝土板向土路堤部分延伸 1 ~ 2m。

(4)包边土填筑

在一层 EPS 块体铺砌后立即进行两侧包边土填筑，采用蛙式打夯机分层进行碾压。包边土采用最大粒径小于 8cm 的土石料，施工时应充分注意对 EPS 块体的保护，防止污染和损坏。

二 气泡混合轻质土路堤(新工艺介绍，补充内容)

1. 气泡混合轻质土的主要成分及制作

按照一定的比例在原料土中添加固化剂、水和气泡，经过充分混合、搅拌后所形成的轻型填土材料，称为气泡混合轻质土(FCB)。图 4-3 简要地说明了气泡混合轻质土的制作流程。

(1)原料土

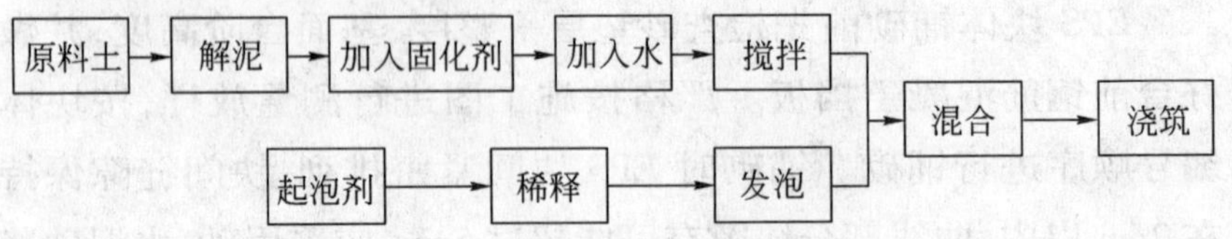

图 4-3　气泡混合轻质土的制作流程

原料土可以是工程废弃土，也可以是砂质土或黏性土。但是，为了达到与固化剂及气泡的均匀混合，并确保气泡混合轻质土的流动性，原料土颗粒直径宜小于5mm。对于不满足要求的原料土，应事先进行处理。

(2)固化剂

固化剂分为主剂和辅剂，主剂主要起固结、加强土体骨架的作用，而辅剂是以催化、早凝为目的的固化材料。主剂以水泥类为主，常用的有火山灰水泥、普通硅酸盐水泥、高炉矿渣水泥等。这些材料加入土中后与水发生水化作用产生 $Ca(OH)_2$，而 $Ca(OH)_2$ 与黏土颗粒发生离子交换形成固化物，达到加固土体骨架的作用。实践证明，使用高炉矿渣水泥的效果更佳。辅剂是指石膏粉、硅粉等辅助材料。加入这些材料的目的在于减少主剂的用量，达到降低造价的目的。

(3)起泡剂

起泡剂主要包括界面活性类、蛋白类、树脂类等，经适当的倍率稀释后，定量泵送到发泡装置，与压缩空气充分混合而产生大量的微小气泡群。图 4-4 简要地说明了气泡的制作流程。在这里，压缩空气是通过空压机加压，用减压阀控制输气压力，以稳定的压力和气量向发泡装置供气。气泡由致密、直径约为 30～300μm(10^{-6}m)左右的气泡群构成。气泡应具有一定的稳定性，与土混合后可在土中形成大量而微小的不连通孔隙。

2. 气泡混合轻质土的优点

气泡混合轻质土的容重比一般土体小得多，而强度可达到

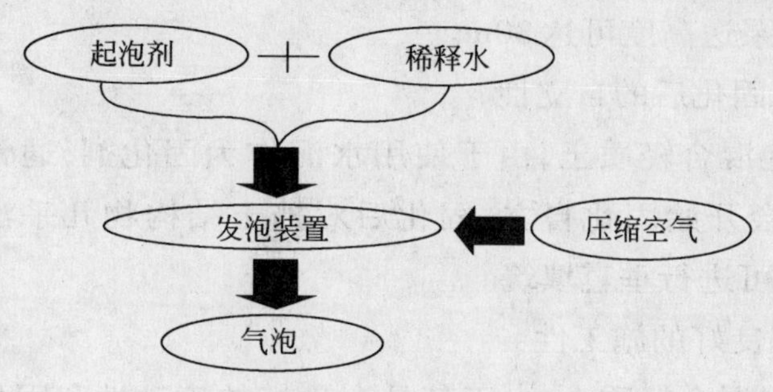

图4-4 气泡制作流程

甚至超过良好的土体，且强度和容重还可以根据需要自由调整；轻质土还具有良好的力学特性和隔热、隔音性能，以及便于施工等特性。气泡混合轻质土用于工程建设上，具有以下优点：

(1)轻质性

在气泡混合轻质土内均匀分布着大量的独立闭合胶质气泡。气泡膜是一种具有较强韧性的物质，气泡之间互不通水，从而使材料的容重比常规土小得多(表4-17)。根据工程上不同的需要，通过适当调整产品中的气泡、固化剂及土的含有率，气泡混合轻质土的容重可在 5 ~ 12kN/m³ 的范围内自由调整。

几种主要土建材料的容重比较(kN/m³) 表4-17

水泥混凝土	路面底基层	填土路基	粉煤灰	气泡混合轻质土
25	21 ~ 22	19 ~ 20	12 ~ 16	5 ~ 12

(2)强度的可调节性

与容重的可调节性原理一样，通过改变轻质土中各种成分的比例，其强度可在0.3 ~ 5MPa 的范围内调整。

(3)高流动性

气泡混合轻质土，具有良好的流动性，可通过管道泵送，其最大输送距离可达500m；如果通过中继泵，还可输送更远的距离，最大泵送高度可达30m。

（4）固化后的自立性

气泡混合轻质土，由于使用水泥作为固化剂，通常在浇筑4h后就会开始固化自立，固化后对挡土结构物几乎没有推挤力，因而可进行垂直填筑。

（5）良好的施工性

气泡混合轻质土，由于其具有良好的流动性和固化后的自立性，且浇筑时不需振捣和碾压作业，可进行远距离或在窄小空间内施工。此外，气泡混合轻质土中混有大量的气泡群，成品的体积可达到原材料体积的3倍以上，提高了施工材料的运送效率。

（6）耐久性

气泡混合轻质土属水泥类材料，与高分子材料相比，其耐久性、耐热及抗油污能力强，具有水泥混凝土材料同等的耐久性。

（7）良好的隔热、隔音效果及抗冻融性能

气泡混合轻质土中含有大量的气泡，其气泡体积含有率可达40%～70%，导热系数小，具有良好的隔热、隔音效果及抗冻融性能。

3. 气泡混合轻质土路堤施工

（1）气泡混合轻质土路堤施工流程

气泡混合轻质土路堤施工流程如图4-5所示。

（2）原材料的试验检测

在施工气泡混合轻质土时，应先对所用的原材料（包括原料土、固化剂、水及发泡剂等）按设计要求进行质量检测。

①原料土：粒径应小于5mm，不符合要求的原料土，需要进行必要的加工及筛分处理。

②固化剂：主要检测其是否达到设计及规范要求。

③水：参照普通混凝土用水标准。

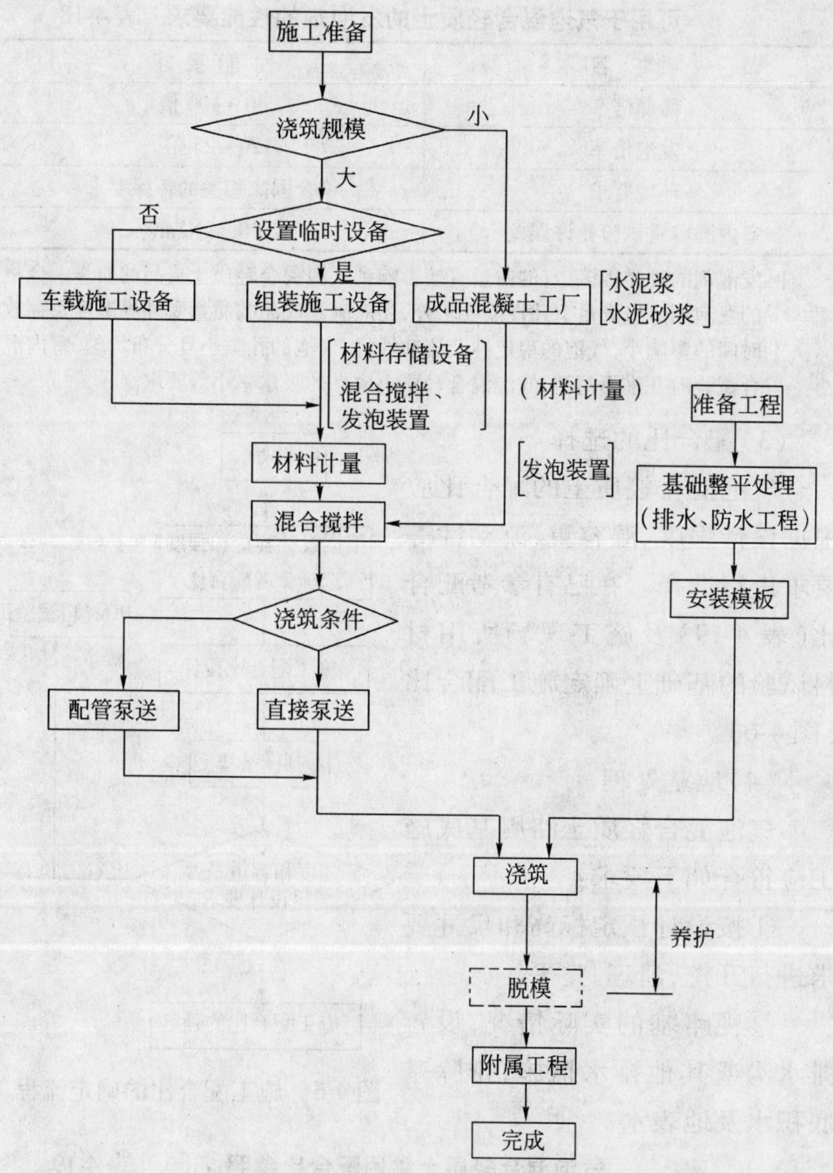

图 4-5 气泡混合轻质土施工流程图

④发泡剂：为确保气泡混合轻质土的质量，发泡剂的性能应满足表 4-18 所列的要求。

可用于气泡混合轻质土的发泡剂的性能要求　表 4-18

项　目	性能要求
稀释倍率	40～100 倍
发泡倍率	20～25 倍
环境要求	符合国家相关的环保要求
室内湿容重试验允许误差	±0.5kN/m³

注：发泡剂的种类很多，它的质量直接影响到气泡混合轻质土成品的质量。合格的发泡剂除应满足上述性能要求外，还应满足成品的质量受外界温度及存放时间的影响小，气泡的稳定性及流动性好，气泡的孔隙小且分布均匀，室内混合试验时几乎不消泡，气泡混合轻质土成品的吸水率小等要求。

(3)配合比的选择

气泡混合轻质土的配合比应根据设计强度、湿容重、流动性等要求进行选择。在已有参考配合比(表 4-19)及施工现场所用材料试验的基础上确定施工配合比(图 4-6)。

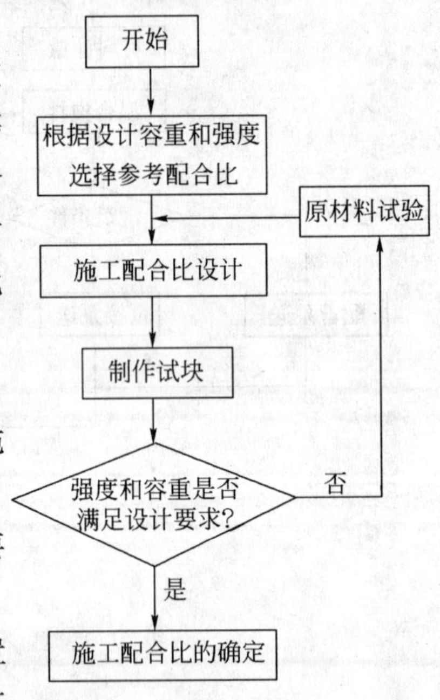

图 4-6　施工配合比的确定流程

(4)地基处理

气泡混合轻质土路堤基底施工应符合如下要求：

①按设计预定标高和尺寸要求进行开挖，清理、整平。

②视路基的实际情况，设置排水沟或其他排水措施，排除基底积水及地表水。

气泡混合轻质土常用配合比参照　表 4-19

无侧限抗压强度(kPa)		S/C(砂/水泥)	材料用量(kg)			气泡的体积含有率(%)	容重(kN/m³)	流动值(mm)
设计强度	配合比强度		水泥	细砂	混合水			
500	700	0	298	—	235	64	55	180
500	700	1	233	233	210	60	6.9	180

续上表

无侧限抗压强度(kPa)		S/C(砂/水泥)	材料用量(kg)			气泡的体积含有率(%)	容重(kN/m³)	流动值(mm)
设计强度	配合比强度		水泥	细砂	混合水			
500	700	2	197	394	204	56	8.1	180
500	700	3	170	510	199	53	8.8	180
500	700	4	150	600	203	50	9.5	180
500	700	5	135	675	210	47	10.2	180
800	1000	0	334	—	256	61	6.1	180
800	1000	1	261	261	227	56.5	7.5	180
800	1000	2	214	428	216	53	8.6	180
800	1000	3	187	561	216	49	9.6	180
800	1000	4	162	648	218	46.5	10.3	180
800	1000	5	146	730	277	43	11	180
1000	1200	0	353	—	264	59.5	6.3	180
1000	1200	1	278	728	236	54.5	8	180
1000	1200	2	226	452	223	51	9	180
1000	1200	3	199	597	226	46.5	10.2	180
1000	1200	4	170	680	228	44	10.8	180
1000	1200	5	153	765	237	40.5	11.5	180

(5)施工方法与规定

气泡混合轻质土施工流程如图 4-5 所示。

①防排水布的铺设

按设计要求,施工时应在路堤基底先铺设一层透水布,再在气泡混合轻质土背面及上表面铺设一层防水布。防水布之间、防水布与挡板基础之间的搭接应密接。

②模板

模板应具有足够的强度和刚度，安装时模板之间、模板与地基之间要密接，严防漏浆或垮塌。

③输送方式

搅拌完成后的气泡混合轻质土一般采用泵送。

④输送距离

在确保材料不离析、气泡稳定的前提下，一级泵送的最大距离为500m。如果输送距离超过上述范围，应设置中继泵送装置或把气泡的混合移到泵送管的出口附近。

⑤一次施工厚度

一次的最大施工厚度不超过1m；最小施工厚度不小于0.25m。

⑥浇筑方法

为确保气泡混合轻质土中气泡独立而均匀分布，气泡的消泡及材料的离析控制到最小程度，施工过程中应避免过度振动；浇筑过程应采用图4-7所示的正确方法，即从软管的前端直接浇筑，且出料口要埋入气泡混合轻质土中或尽量靠近气泡混合轻质土的表面。此外，要避免雨中施工。

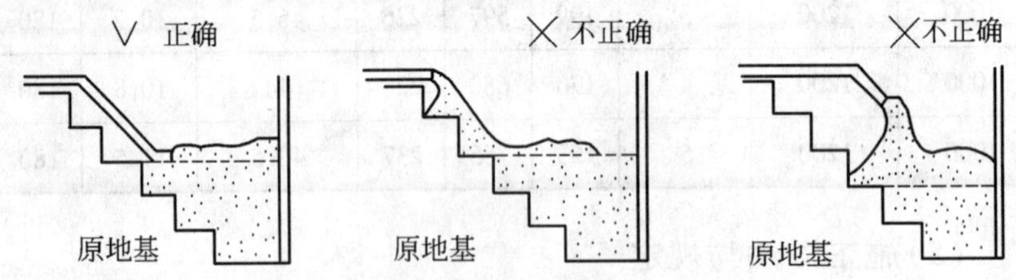

图4-7 气泡混合轻质土的浇筑方法

(6)过程质量管理

为确保工程质量，需进行如下几方面的质量管理。

①原材料的计量精度

原材料的计量精度应满足表4-20的要求。

原材料的计量精度 表 4-20

原材料	计量精度	原材料	计量精度
原料土	±2%	水	±1%
水泥	±1%	发泡剂	±2%

②施工时的质量管理

除材料符合设计要求，投料准确外，搅拌施工时还需定期或不定期地检测气泡混合轻质土的湿容重、空气含有率、流动值等指标，各指标的误差应控制在表 4-21 的范围内。

搅拌时的质量管理标准 表 4-21

项目	设计值或容许误差	检测频率
湿容重（kN/m^3）	±1.0	2 次/施工日
空气含有率（%）	±5.0	必要时
流动值（mm）	180±20	2 次/施工日

③固化后的质量管理

气泡混合轻质土固化后应检测 28d 龄期试件的容重和无侧限抗压强度是否达到设计要求，其中无侧限抗压强度按照表 4-22所示的要求进行检测，容重与强度的检测同期进行。

气泡混合轻质土的无侧限抗压强度检测要求 表 4-22

试件尺寸（mm）	试件制作频率	试验仪器要求	养生条件	检测频率	评定标准
10×10×10	施工现场取样，每施工日制作 1 组（3 个）试件	量程：40kN 精度：1%	试件置于塑料袋中密封，在 20℃ ±3℃ 的空气中放置 28d	对龄期满 28d 的试件进行自检	平均值在设计强度以上

4. 综合技术经济比较

为比较气泡混合轻质土(FCB)方法与常规施工方法的综合技术经济指标 $G(x)$,并考虑到影响 $G(x)$ 的等间接因素难于简单量化,可着重从以下五个方面对 $G(x)$ 中可量化的指标进行对比:

- 桥梁与气泡混合轻质土路基的综合技术经济比较;
- 排水预压法与气泡混合轻质土处理软基的综合技术经济比较;
- 复合地基法与气泡混合轻质土处理软基的综合技术经济比较;
- 常规台背回填法与气泡混合轻质土回填的综合技术经济比较;
- 常规道路加宽法与采用气泡混合轻质土进行道路加宽的综合技术经济比较。

公路建设常伴随着巨额借款,对投资者而言,项目工期的长短直接影响到投资成本的回收及庞大的借贷款利息的付出,通车时间提早一年,意味着投资资金回收在整个寿命周期内可提早一年展开。影响工期的因素很多,为便于比较工期对成本的影响,这里引入工期成本的概念,并假设资金的存(贷)款利率按4.2‰,利息采用一次支付的复利计算方法,资金的运营回收速率按100万元/(月·km)考虑。

桥梁与气泡混合轻质土路基的综合技术经济比较如下:

(1)工法对比基础:

- 单纯的桥梁与单纯的FCB方法;
- 施工路段无过水、过车或过人需要;
- 不考虑桥头台背的特殊处理;
- FCB路基工后沉降满足高速公路使用期的要求;
- FCB或桥梁施工结束后不需要等待即可投入运营。

(2)综合技术经济比较见图 4-8。

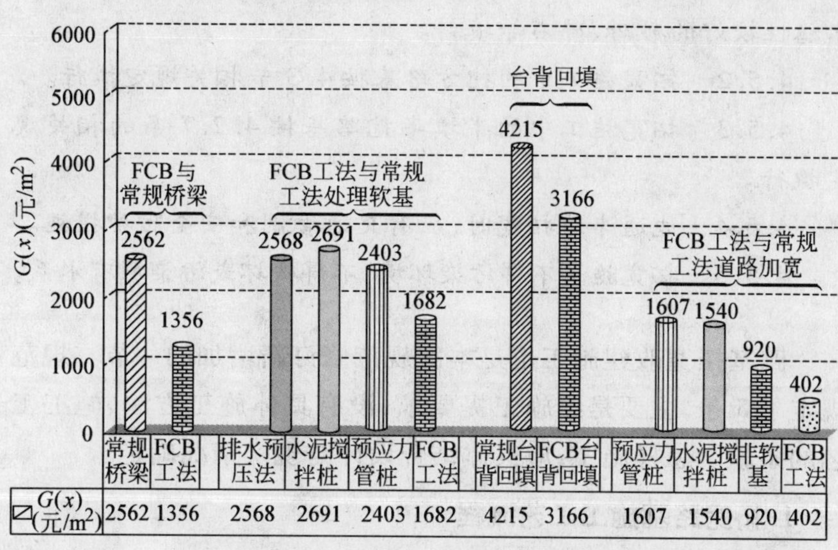

	常规桥梁	FCB工法	排水预压法	水泥搅拌桩	预应力管桩	FCB工法	常规台背回填	FCB台背回填	预应力管桩	水泥搅拌桩	非软基	FCB工法
$G(x)$(元/m^2)	2562	1356	2568	2691	2403	1682	4215	3166	1607	1540	920	402

图 4-8 FCB 方法与常规施工方法单位面积成本指标柱状图

4.5 路基拓宽改建施工

4.5.1 路堤拓宽施工

1 应按设计拆除老路路缘石、旧路肩、边坡防护、边沟及原有构造物的翼墙或护墙等。

2 施工前应截断流向拓宽作业区的水源,开挖临时排水沟,保证施工期间排水通畅。

3 拓宽部分路堤的地基处理应按设计和本规范有关条款处理。

4 老路堤与新路堤交界的坡面挖除清理的法向厚度不宜小于0.3m,然后从老路堤坡脚向上按设计要求挖设台阶;老路堤高度小于2m时,老路堤坡面处理后,可直接填筑新路堤。严禁将边坡清挖物作为新路堤填料。

5 拓宽部分的路堤采用非透水性填料时,应在地基表面按设计铺设垫层,垫层材料一般为砂砾或碎石,含泥量不大于5%。

6 拓宽路堤的填料宜选用与老路堤相同的填料,或者选用水稳性较好的砂砾、碎石等填料。

4.5.2 拓宽施工中的挖方路基按4.3节相关规定执行。

4.5.3 拓宽施工中的半填半挖路基按4.2.7条的相关规定执行。

4.5.4 边通车边拓宽时,应有交通管制和安全防护措施。

4.5.5 拓宽施工不得污染环境,不得破坏或污染原有水系。

路基拓宽改建施工也是本次规范修订新增加的一节。规范规定了5条,主要是给施工提要求,没有具体施工方法、施工工艺的条款。怎样施工,应具体结合设计与现实情况确定。

1.拓宽路基施工工艺流程

拓宽路基施工工艺流程如图4-9所示。

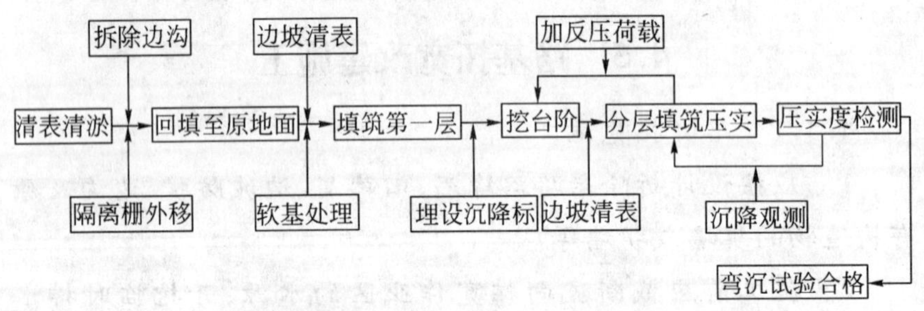

图4-9 拓宽路基施工工艺流程图

2.新老路基结合部的处治

新老路基结合部处治的根本目的就是在保证路基稳定的前提下,控制路基的不协调变形。不同条件下,新老路基不协调变形的组成不同,因而新老路基结合部的处治技术应当根据具体的工程特点和各项措施的适用条件进行选择。

按照处治措施的部位和处治机理来划分,可以将不协调变形的控制技术划分为4大类:路面内部处治、路基内部处治、外部处治和综合处治(表4-23)。

新老路基结合部处治技术的初步分类　　表 4-23

分　类	措　施
路面内部处治	增加厚度
	提高抗变形能力(加筋、设置网片……)
路基内部处治	结合面处理
	填料及压实控制
	路基加筋
	轻质路堤
外部处治	地基处理
	支挡结构
综合处治	设置分隔带
	完善排水系统
	过渡性路面
	内、外部综合处治

表 4-23 中的处治技术如果按新老路基结合部不协调变形的主要来源分类,可分为针对新老路基结合部不良地质条件的地基处理技术,针对新老路基结合强度不足的老路边坡处理和结合部的加筋技术,针对路基自身的压缩变形过大的控制路基填料和压实度、采用轻质路基等措施。如果新老路基结合部的不协调变形由上述几种因素共同组成,则应采取综合处治技术(表 4-24)。

针对不协调变形来源的处治技术及适用条件　表 4-24

新老路基结合部不协调变形的主要来源	结合部处治技术	适 用 条 件
新路基作用下地基的固结沉降	采取换填、抛石挤淤,复合地基,排水固结法处理结合部地基	不良地质条件下的路基拓宽、高填路堤等

续上表

新老路基结合部不协调变形的主要来源	结合部处治技术	适用条件
新老路基结合部结合强度不足	老路边坡覆土处理、台阶开挖,结合部设置土工格栅等	老路边坡土受自然风化等作用强度较低,新老路基拼接困难
新老路基的自身压缩变形	优选新路基填料,提高压实度,新路基采用二灰、EPS轻质路堤	地质条件较好的路基拓宽
上述几种因素的组合	上述处治技术综合使用,同时考虑设置挡墙、路面辅助处治技术和完善排水系统等	各种不良地基、路基以及结合面条件

实际拓宽改建工程中,常常根据具体的工程特点,因地制宜地选用不同处治方式,有时多种处治技术综合使用。旧路的拓宽改建中,新老路基结合部处治技术的设计和施工是整个改建工程中一个非常重要的环节,因此,在实际拓宽改建工程中,需要精心设计、精心施工,确保工程质量。

3. 结合部处治设计、施工技术原则

(1)新老路基结合部处治的根本目的就是在保证路基稳定的前提下,控制路基的不协调变形。因此,“变形协调与控制”是处治技术的核心。

(2)对道路整体来说,路基、路面相互作用、相互影响。因而,新老路基结合部的处治技术应当从路基、路面、排水、支挡等各个方面进行统一考虑,突出“综合处治”的思想。

(3)新老路基结合部的处治技术应充分考虑地域、地质和环境的适用性、经济合理性以及施工便利性。

(4)新老路基结合部处治的设计理论与施工技术应当协调统一。

(5)在线形条件允许的前提下,老路尽量采取双侧拓宽的方式,以及新老路基结合部上方尽可能设置成分隔带。

(6)优先考虑铺设过渡性路面,待新老路基不协调变形稳定后再重新铺筑最终的路面结构。且铺筑新路面结构时,应减小基层厚度和模量,适当提高面层厚度和模量。

4. 结合部各种地基处理方法的适用条件、优点及局限性

道路拓宽改建工程常用的地基处理方法、原理及适用条件见表4-25。在实际拓宽改建工程中应根据拓宽部分的地基状况、拓宽道路使用性质、施工条件、对周围环境的影响等因素,经过技术、经济比选后选择最优的地基处理方法。

结合部不良地基常用的处理方法、原理及适用条件 表4-25

地基处理方法	原 理	适用条件
换填法	把拓宽路基基底下一定浅层范围内的不良地基土部分或全部挖出,用砂、碎石、灰土、矿渣等强度高、渗透性好的粒状材料回填,可以增加结合部地基表层强度,防止地基局部剪切变形	结合部地基由厚度小于3m的不良土组成且易于挖出,拓宽路基填筑高度较低
抛石挤淤法	采用不易风化的石料强迫使淤泥向两旁挤出	适用于软土层位于水下3m内,稠度远超过液限,呈流动状态的路段,淤泥较厚时慎用
排水固结法(预压法)	在地基中设置竖向排水系统(如插置塑料排水板、袋装砂井)和水平向的排水系统(砂垫层),再利用逐级填筑的路基土或真空预压使地基土体排水固结,产生固结沉降使土体强度增长,地基承载力提高,结合部地基的固结沉降在施工期间基本完成	厚度超过5m的软黏土淤泥和淤泥质土地基,工期长,会对老路基有一定的影响,应慎用

续上表

地基处理方法		原理	适用条件
复合地基	粒料桩	使用振冲器在高压水流作用下边振边冲在地基中成孔，在孔内填入碎石、卵石等粗粒料且振密成碎石桩。碎石桩与桩间土形成复合地基。具有桩柱、垫层、排水的作用，以增强地基承载力，提高新老路基的压缩模量比	适用范围广泛，如黏性土、粉土、饱和黄土和人工填土地基等，拓宽路基高度较大
	粉喷桩	依据物理化学原理，利用机械设备将具有固化和抗渗透性能的水泥粉灌入地基土体的间隙（孔隙或裂隙等）或结构面内，并使之在一定范围内扩散和固化，以达到提高拓宽地基强度、降低渗透性、改善地基物理力学性质的一种方法	拓宽范围为天然含水量大于30%的淤泥质土、黏性土和粉性土地基，加固深度不宜大于15m
轻质路堤	二灰	具有自重轻的优点，减少拓宽路堤自身的压缩变形，但饱水后强度显著降低	受地下水和地表积水影响较小的拓宽路基
	EPS轻质路堤	聚苯乙烯板块（EPS）容重只有土的1/50～1/100，并具有较好的强度和压缩性能，用于新路基填料，可有效地减少作用在地基上的荷载，需要时也可置换部分地基土，已达到更好的效果	结合部地基为各种软弱地基、高填路基，但价格较高
加筋土法		在土体中埋置土工合成材料（土工织物、土工格栅等）、金属板条等形成加筋土垫层，增大压力扩散角，提高地基承载力，减小沉降	结合部地基为各种软弱不良地基

5. 拓宽路基几种地基处治技术的介绍

（1）垫层及浅层处理

垫层及浅层处理适用于处理拓宽路基地表下0.5～3m的含水量较高的弱不良土地基，且不良土易挖出，拓宽路基填筑高度较低。

垫层施工一般应分层铺填、分层压实、分层质量检验。施工时最优含水量、铺设与压实厚度、压实遍数等，应根据各类施工机具与设计要求通过现场试验确定。在垫层与浅层处理新老结合部的基底时，常用的换填材料主要有砂（砾）、石渣、石灰土等。换土垫层施工示意如图4-10所示。

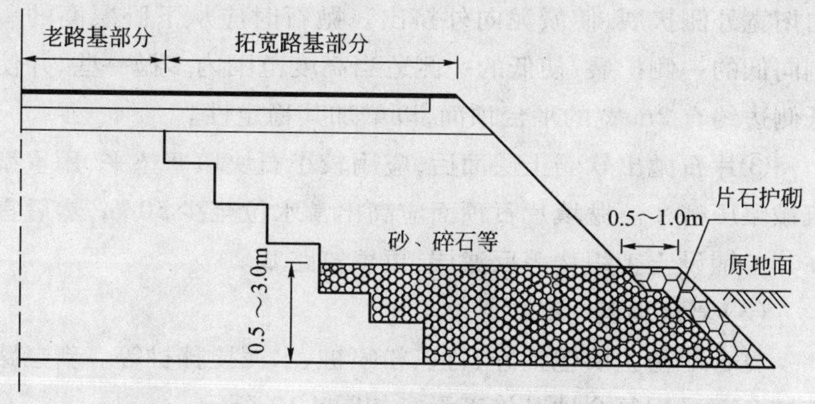

图4-10　换土垫层施工示意图

（2）抛石挤淤

抛石挤淤一般用于处理结合部地基厚度小于3.0m的泥沼及软弱土层。这种方法适用于软土层位于水下，更换土壤施工困难或基底直接落在含水量极高的淤泥中，稠度远超过液限，呈流动状态的路段。抛石挤淤施工示意如图4-11所示。

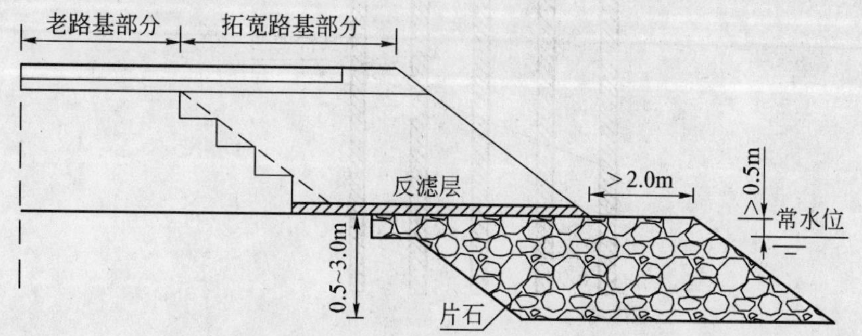

图4-11　抛石挤淤施工示意图

抛石挤淤应符合下列要求：

①使用不易风化的石料，片石大小随泥炭稠度而定。对于

容易流动的泥炭或淤泥，片石宜稍小些，但不宜小于30cm，且小于30cm粒径含量不得超过20%。

②当软弱土层平坦时，抛投应沿老路路基坡脚抛填，再逐渐向拓宽外侧扩展，使淤泥向外挤出。抛石时应从下卧层高的一侧向低的一侧扩展，使低的一侧适当高度范围内多抛一些，并使低侧边约有2m宽的平台顶面，以增加其稳定性。

③片石抛出软弱土层面后，应用较小石块填塞垫平，用重型机械碾压密实。抛填片石顶面应高出常水位至少50cm，然后宜在其上铺设土工织物等反滤层，再填筑路基。

(3)复合地基

复合地基主要包括碎石桩、粉喷桩、水泥搅拌桩等。新老路基结合部采用复合地基施工示意如图4-12所示。

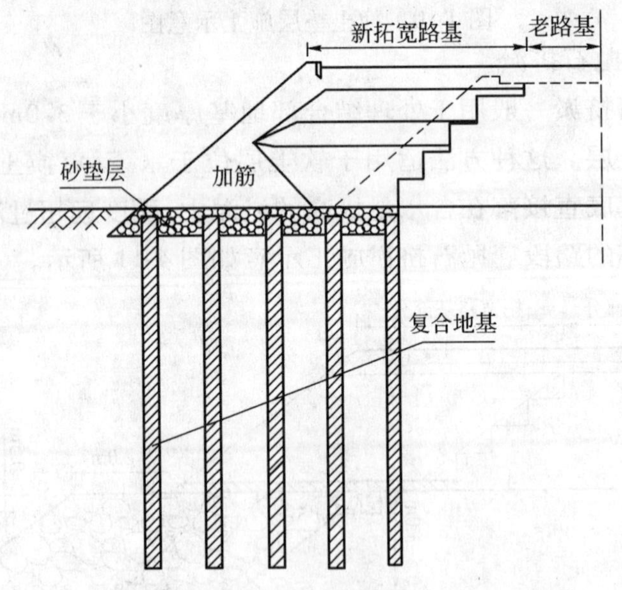

图4-12 复合地基施工示意图

各种复合地基主要是通过竖向增强体来提高拓宽路基部分地基的承载力和压缩模量，施工过程中对老路基地基影响较小，因此，对路基拓宽工程比较适用。

(4)排水固结处理

排水固结法包括排水垫层、砂井或塑料排水板等。排水固结法施工组成示意如图 4-13 所示,拓宽路基砂井的排水固结施工示意如图 4-14 所示。

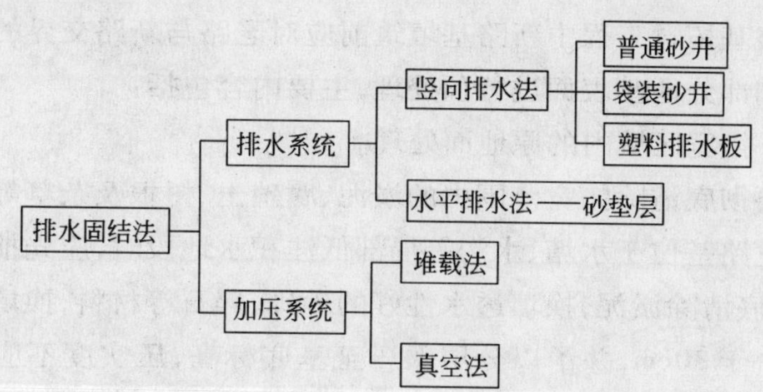

图 4-13 排水固结法施工组成示意图

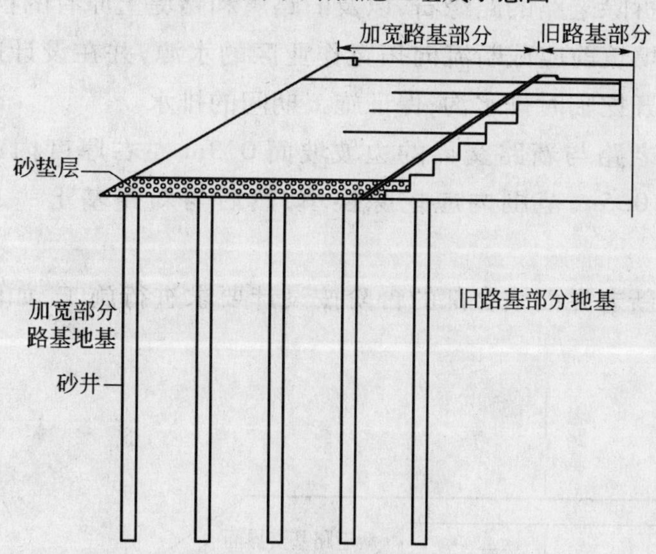

图 4-14 拓宽路基砂井排水固结施工示意图

6. 新老路基结合部的界面处理

为防止因新老路基结合强度不足可能导致的拓宽路基滑动失稳或新老路基的不协调变形过大,常常需要对新老路基结合部的界面进行处治，主要措施包括老路路肩和边坡处理，以及新老路基结合部的加筋处治。

(1)老路路肩及边坡处理

①新老路基结合面预处理。

路基拓宽工程中新路基填筑前应对老路与新路交界的边坡坡面和部分地基表面进行预处理，主要内容包括：

a. 拓宽区域内的原地面处理。

要彻底清除拓宽范围内的淤泥、腐殖土、树根及杂草等。当新拓宽路基位于水塘、水沟等局部低洼积水地段时，应先抽干积水，彻底清除淤泥，换填透水性好的砂砾、碎石等材料，换填深度应不小于30cm，并予以分层碾压至基底标高，压实度不应低于规定的压实度。

b. 拆除老路的路缘石，以及旧路肩和路堤上原有的挡土墙。

c. 填筑前应截断流向拓宽作业区的水源，并在设计边沟的位置上开挖临时排水沟，保证施工期间的排水。

d. 老路与新路交界的边坡坡面0.3m左右厚度内以及外侧路肩0.5m范围内应挖除换填，然后与新路基土一起碾压密实。

②新老界面结合部的台阶按设计要求进行施工，如图4-15所示。

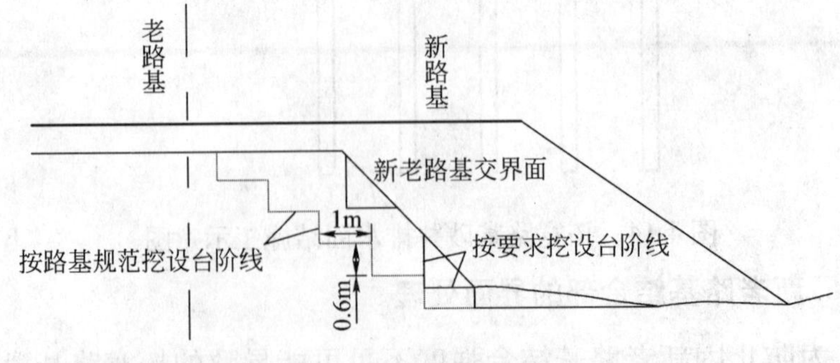

图4-15 新老界面结合部的台阶示意图

(2)结合部土工格栅加筋施工要点

土工格栅设计如图4-16所示。

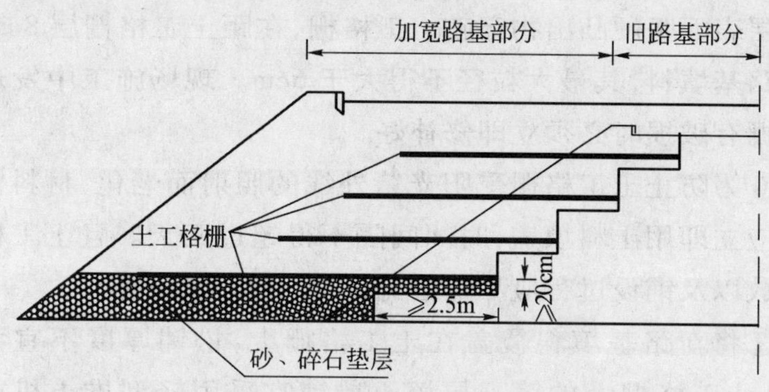

图4-16　土工格栅设计图

①当施工场地开阔平坦、坡脚无冲刷时,清除地表杂草及植物根茎,低洼积水地段,还应进行排水清淤,然后整平老路坡脚地面。

②老路基边坡自下而上开挖不小于1.0m宽的边坡台阶,且最下层台阶宽度宜大于2.5m。在地基表层直接铺设垫层,垫层材料宜选用砂砾、碎石等透水性好的材料,粒径在3~6cm,且最下层土工格栅的垫层不小于0.2m,垫层含泥量不大于5%。

③土工格栅铺于垫层中,垫层应整平,土工格栅需紧贴垫层,并使土工格栅强度高的方向垂直于路基轴线方向,且应一次铺设足够的长度,不宜缝接和搭接。土工格栅在铺设过程中不得出现扭曲、折皱、重叠,并要特别注意应避免过量拉伸,以避免超过其强度和变形极限而产生破坏或撕裂、局部顶破等。

④沿路基轴线方向,土工格栅之间采用搭接法时搭接宽度一般为0.3~0.5m,若周边用"U"形柱钉控制时,搭接长度可为0.1m;当采用尼龙线或涤纶线缝合时,一般采用工业缝纫机,缝接宽度应大于10cm,且缝线的强度不低于土工格栅的设计容许

抗拉强度。

⑤土工格栅必须埋置于拓宽路基填料中。为防止土工格栅的土层表面坚硬凸出物穿破土工格栅，在距土工格栅层8cm以内的路基填料，其最大粒径不得大于6cm。现场施工中发现土工格栅有破损时必须立即修补好。

⑥为防止土工格栅受阳光紫外线的照射而老化，材料铺设好后应立即用土料填盖，时间间隔不得超过两天。且土工格栅的存放以及铺设过程应尽量避免长时间曝晒或暴露。

⑦将新路基填料覆盖在土工格栅上，松铺厚度不宜大于30cm，土工格栅上的第一层填土摊铺宜采用轻型推土机或前置式装载机，一切车辆、施工机械只允许沿路堤的轴线方向行驶。

⑧路基填料在最佳含水量时碾压至规定的压实度。碾压顺序应由拓宽路基的外侧向新老路基结合部碾压：第一层填料宜采用推土机或其他轻型压实机具进行压实，只有当已填筑压实厚度大于60cm后，才能采用重型压实机械压实，要求的压实度应满足设计要求。

7. 拓宽路基采用轻质路堤

拓宽路基采用轻质路堤时，常用的有二灰轻质路堤、EPS块体轻质路堤。

(1)二灰轻质路堤

二灰轻质路堤主要由路堤主体部分(粉煤灰加3%～5%的磨细生石灰)、护坡和封顶层(黏性土或其他材料)、隔离层、排水系统等组成，如图4-17所示。

(2)EPS块体轻质路堤

拓宽路基EPS块体轻质路堤如图4-18所示。施工时尽力避免地下水位上升，保证地下水位在EPS块体施工基面以下。在控制条件较困难时，应设置排水盲沟。

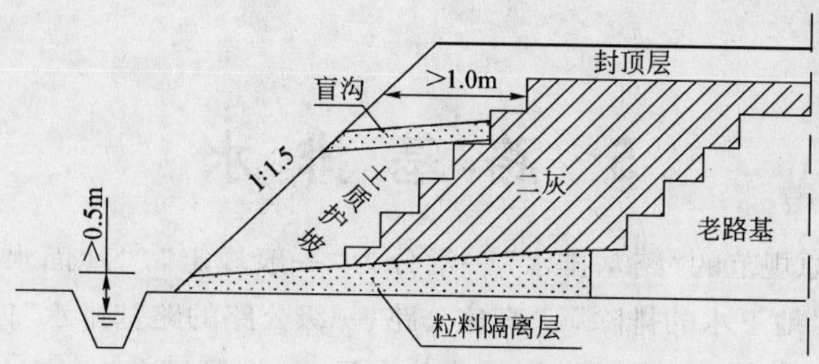

图 4-17 二灰轻质路堤示意图

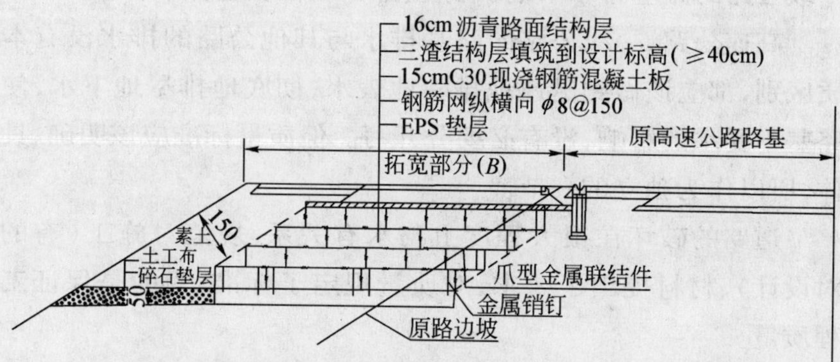

图 4-18 EPS 块体轻质路堤示意图(尺寸单位:cm)

5 路基排水

原规范的“路基排水”一章分为“一般规定”、“地面水的排除”、“地下水的排除”、“高速公路、一级公路的路基排水”四节。本次规范修订，原规范前三节基本没变，把第四节“高速公路、一级公路的路基排水”改为“路基排水工程质量标准”。

高速公路、一级公路的路基排水与其他公路的排水没有本质区别，都应该做到迅速地排除地表水，彻底地排尽地下水，使路基不受水的影响，没有必要分开写。但质量标准应该明确、具体，所以作为独立的一节。

道路的破坏在很大程度上与水有关系，规范对施工（有的对设计）、材料提出了要求，对质量规定了标准，为的是保证工程质量。

6 特殊路基施工

原规范“9 特殊地区的路基施工”共有十三节，新规范在原规范的基础上进行适当调整，增加到二十节，主要增加的内容是：6.1 一般规定；6.4 红黏土地区路基施工；6.11 涎流冰地段路基施工；6.12 雪害地段路基施工；6.15 泥石流地区路基施工；6.17 采空区路基施工；6.18 沿河、沿溪地区路基施工。

6.1 一般规定

6.1.1 特殊路基施工，应进行必要的基础试验，编制专项施工组织设计，批准后实施。

6.1.2 施工中如实际地质情况与设计不符或设计处治方案因故不能实施，应按有关规定办理。

6.1.3 采用新技术、新工艺、新设备、新材料时，必须制定相应的工艺、质量标准。

6.1.4 用湿黏土、红黏土和中、弱膨胀土作为填料直接填筑时，应符合下列规定：

1 填料液限在40%～70%之间且CBR值满足表4.1.2的规定。

2 碾压时稠度应控制在1.1～1.3之间。

3 压实度标准可比表4.2.2-1的规定值降低1%～5%，具体降低数值应根据当地土质等情况通过试验确定。

4 不得作为二级及二级以上公路路床、零填及挖方路基0～0.80m范围内的填料；不得作为三、四级公路上路床、零填及挖方路基0～0.30m范围内的填料。

6.1.5 特殊地区路基施工除符合本章规定外，还应遵守第

4 章的规定。

1. 湿黏土的压实标准

我国幅员辽阔，东西南北的自然条件差异很大，路基土的成分复杂，又经常受到筑路材料的限制，以及多雨潮湿地区不利于施工的气候影响，要把天然含水量大于塑限（或大于最佳含水量 5 个百分点）的黏性土路基压实到规定的重型压实度标准，困难极大，而且潮湿地区的膨胀土、红黏土又具有特殊的工程特性。因此，只强调路基达到高密实度，不考虑土质特性的差异及自然条件的变化，往往事倍功半，不但影响施工进度，还会降低工程质量，不能达到提高路基强度和稳定性的目的。综观国外的路基压实，除制定有重型、轻型标准之外，英国还规定路基黏土填料的含水量应低于塑限；美国则容许填方路基的含水量可高达塑限的 1.2 倍，又同时规定黏土填料的液限不得超过 50%，避免用 MH 和 CH 类土作填料；日本则根据不同土类采取不同的压实标准。这些情况表明，国外路基压实标准并不完全统一，说明湿黏性土路基的压实有其特殊性，而其控制指标的确定则与工程质量、施工进度、工程造价密切相关。因此，根据我国情况，合理地确定路基压实标准是当前生产上急需解决的现实问题。

根据近年来对残积黏性土、红黏土、过湿黏性土的试验研究成果，从湿黏土的路基工程性质出发，路基的压实标准，在只采用重型压实标准的情况下，提出合理可行的降低标准及相应的技术措施是必要的。

2. 湿黏土的分类

根据全国公路自然区划，东南湿热区及西南潮暖区，处于沿海或内陆平原及山区丘陵地带，广泛分布着潮湿黏性土（简称湿黏土）。用这种天然含水量大于塑限或大于最佳含水量达 5 个百分点的土填筑路基，很难达到规定的压实度。表 6-1 列出两类湿黏土的物理力学指标。红土类为云、贵、桂的风化残积土,黏性土类为一般经过搬运后沉积的黏性土。两类土虽然在含水量、干容重、相对密度、液限、塑限等指标上有显著差异,但饱和度、压缩系数与力学强度却比较接近,用稠度指标可将两类土的共性联系起来,可作为分析路基强度与稳定性的基本指标。经分析整理可得到该两类土的下列相关式:

红土类:

$$w_C=(1-\frac{w}{w_L})/(1-1.737I_P^{-0.322}) \tag{6-1}$$

黏性土类:

$$w_C=(1-\frac{w}{w_L})/(1-1.465I_P^{-0.335}) \tag{6-2}$$

红土类与黏性土类各项指标对比 表6-1

土类	含水量 w(%)	干容重 γ_d(kN/m³)	相对密度 G	液限 w_L(%)	塑限 w_P(%)	塑性指数 I_P(%)	稠度 w_c
红土类	32~63	10.2~14.0	2.76~3.13	52~110	32~60	11~50	0.66~1.09
黏性土类	23~37	12.3~15.5	2.72~2.77	37~64	22~34	14~34	0.69~1.07

土类	饱和度 S_γ(%)	小于5μm颗粒含量(%)	压缩系数 $\alpha_{1\sim2}$(MPa⁻¹)	内摩擦角 φ(°)	黏结力 c(MPa)	承载比 CBR
红土类	81~97	23~70	0.10~0.69	8~21.3	0.040~0.090	5.6~16.6
黏性土类	89~97	35~53	0.11~0.63	7~20.0	0.014~0.081	3.0~11.9

应用式(6-1)、式(6-2),可以通过相对含水量(w/w_L)及塑性指数计算出两类土的稠度值。根据稠度大小划分土的状态,可分成几种类型:$w_c<0.50$ 时,呈极软塑状态,属于软土,不能直接用作填筑路基材料,若作为建筑物地基,需加固处理;w_c 在 0.50~0.75 时,呈软塑状态,用于工程建筑物,属于需处理的湿黏土,掺入吸水性好的固化材料,可作填土材料;w_c 在 0.75~1.00 时,呈硬塑状态,属于可利用的湿黏土。其中 w_c 在 0.90~

1.00 时，用来填筑路堤，可在短时间晾晒后压实；w_c 在 0.75 ~ 0.90 时，则需掺少量吸水性结合料拌和后压实；w_c >1.00 时，呈半固体状态，属于正常使用的湿黏土，可直接碾压密实。

3. 湿黏土的工程性质

（1）胀缩性

湿黏土的塑性指数大于 10，黏粒含量也在 10% 以上。黏性土吸水膨胀和失水收缩是普遍现象。当黏土中含有一定的膨胀性黏土矿物时，土的膨胀、收缩达到一定程度时，就称为膨胀土。

同一种土的膨胀率与黏粒含量的关系列于表 6-2（土均压实到空气孔隙率 =5%，含水量分别为轻型最佳量 w_{opt} ~0.75w_{opt}）。

土的膨胀率与黏粒含量的关系 表 6-2

土中黏粒含量（%）	10	20	30	40
线膨胀率（土的含水量为 w_{opt}时）	1.33	2.00	2.56	3.00
线膨胀率（土的含水量为 0.75w_{opt}时）	3.56	5.67	7.44	7.78

对红土类土做浸水前后的承载比试验，试件按 CBR 试验要求浸水 96h 后，测含水量、密度、CBR、膨胀率。膨胀率系加载 40kN 浸水后测定，当 w_c 为 1.05 ~1.25 时，膨胀率最小。

膨胀与收缩是受土中矿物的种类和黏粒含量控制的，而变化规律与土中含水量的增加与减少有关。黏性土的胀缩对路基的稳定有影响，因此，必须有效控制。

（2）稳定性

根据美国 AASHTO 公路土基材料分类，当 0.074mm 土粒含量最小为 36%、w_L 最小为 41%、I_P 最小为 11%、分组指数（GI）最大为 20 时，即划分为 A-7（工程性质属不良土）。我国的湿黏土均超过这些指标。要采用这种湿黏土作路基填料，应以稳定性为基础，须采取措施避免土中水分变化而产生不利影响。

在潮湿多雨地区及受地下水位影响地带，土的含水量一般接近或略大于塑限，接近饱和状态，全年变化幅度一般在2~4个百分点之间。天然含水量(w_0)与塑限(w_P)的关系为：

红黏土：

$$w_0 = 1.28w_P - 9.6 \tag{6-3}$$

沉积黏性土

$$w_0 = 1.57w_P - 10.4 \tag{6-4}$$

中膨胀性黏土：

$$w_0 = 1.19w_P - 2.36 \tag{6-5}$$

上述几种湿黏土在自然条件下的环境含水量大约稳定在塑限附近。路基填土的含水量也应考虑这一特定因素，以保持稳定性。

由黏性土试件浸水前后的对比试验结果可以看到，稠度在1.00~1.30之间时，土的饱和度可达到90%以上，浸水后膨胀率最小，CBR值在4~10之间，浸水前后变化很小，干密度也基本没有变化。这种状态与自然条件下稳定含水量的波动幅度基本一致。

再综合考虑前述收缩与膨胀的变化情况，平均稠度为1.1左右时，胀缩达最低值。因此，控制土的稠度是保持路基水稳性与基本强度的重要条件。

(3)压实性

路基压实是以机械压实功能促使土粒排列紧密，达到提高土的强度和稳定性的目的。而湿黏土不同于砂性土以砂粒组成的散性土结构，其结构主要为团粒结构(红土类)或以引力为主的凝聚性结构(沉积黏性土类)，土的含水量高于最佳含水量，饱和度均为90%以上。填筑路堤分层碾压时除土块(或团)表面水分有所蒸发外，土的压实不可能使土粒进一步排列紧密，只能使分离的土块和土团间孔隙减至最小，即压实后的干密度仅由晾晒减少的水分(其中包括收缩增加的密度)所决定。通常选用$w_c > 0.9$的湿黏土，经短时晾晒土的w_c可达到1.0~1.3，经合适机具碾压，路基的强度与稳定性可以满足要求。

压实黏性土的稠度大于或等于1.0,即土的含水量等于或小于塑限,这时土中基本没有自由水,为强与弱结合水,易于压实,孔隙压力小,土壤表面水分蒸发速度减慢,土的干缩量及膨胀量最小,强度较高,可以承受12~18t压路机碾压。如含水量大于塑限,则土中含有自由水,自由水愈多,土的压实效果与工程性质愈差;如含水量小于塑限甚至接近缩限,则土中为强结合水,其土块坚硬,碾压中缺少弱结合水的润滑作用,难于压实,致使土体内孔隙增多,压实效果差。当红土类 $w_c=1.0\sim1.3$,或沉积黏性土类 $w_c=1.0\sim1.2$ 时,采取各种合适的压实机具分层碾压,均可获得最佳压实效果。

4. 注意事项

条文中6.1.2条应特别注意的是,设计时往往对地质情况勘察可能出现疏漏,设计与实际有出入,关于这一点,一定要根据施工中发现的情况修改设计,否则将造成不良后果。

在施工中使用湿黏土、红黏土和中、弱膨胀土作为填料直接填筑时,请注意以下意见:

(1)在实际施工中,可以采用如下步骤来判断CBR值是否满足条文规定:

①测定天然土样的天然含水量,计算土样的天然稠度。

②取天然土样,采用湿土法制作不同含水量(一般可选择相当于稠度在0.9~1.4范围内)的试样,按照《公路土工试验规程》(JTJ 051—93)中承载比(CBR)试验(T0134—93)测试其CBR值。

③绘制"CBR-含水量"关系图,根据规范表4.1.2的规定得出路基不同部位填料的含水量范围。

④如果该种天然土的天然含水量处于步骤③所确定的含水量范围内,那么该种天然土可作为填料。

(2)以上仅仅确定了天然土是否可作为填料,在实际施工中应特别注意,天然土在碾压前稠度(含水量)必须同时满足两个条件：稠度在1.1~1.3之间、含水量处于前述步骤③所确定的含水量范围内。如果天然土在运输、摊铺后不满足以上两个条件，则应均匀调整含水量（一般采用晾晒或者均匀洒水的方式）方可进行碾压。要做到含水量均匀就必须对土块进行击碎（一般宜击碎至粒径在53~37.5mm以下）。由于击碎十分困难，在此过程中十分容易导致土块内湿外干或内干外湿，故均匀调整含水量的幅度比较小。一般情况下，稠度小于0.9的天然土均匀调整含水量就十分困难。

条文规定"碾压时稠度应控制在1.1~1.3之间"，该稠度所对应的含水量是采用《公路土工试验规程》（JTJ 051—93）中烘干法（T0103—93）所测得的。酒精燃烧法（T0104—93）所测得的含水量与烘干法有一定的差值，一般在2个百分点左右。烘干法为含水量试验的标准方法。

根据长期的实践经验，上述三种土的压实机械自重宜在18t左右。

（3）用湿黏土、红黏土、中弱膨胀土等作为填料，直接采用新规范表4.2.2-1的规定作为压实度标准时，存在两个问题：

①上述三种土的天然含水量一般大于最佳含水量，若要使天然含水量降低到最佳含水量，就必须将土块击碎并翻晒。土块击碎、翻晒十分困难，还将消耗大量的工期、成本，并且在此过程中十分容易导致土块内湿外干或内干外湿的现象，含水量不均匀。

②在自然条件下，上述三种土的天然含水量将接近塑限，接近饱和状态。根据国内几条高速公路的长期观测结果，认为：湿黏土、红黏土、中弱膨胀土，压实后无论含水量大小，在长期受自然环境影响后，其含水量都将接近塑限。

上述三种土，达到重型压实的最大干密度时，饱和度一般均小于80%~85%；达到新规范表4.2.2-1的规定时，饱和度仍然偏小，随着时间的推移，路基必然吸水，使得土体膨胀，压实度降低，造成路基不稳定、强度降低，甚至达不到路基最小强度要求，路基强度、稳定性均存在问题。

综合来说，压实度如果采用新规范表4.2.2-1的规定，将使大部分这种土不能直接作为路基填料。上述三种土在国内部分省份普遍存在，对这三种土废弃、改良利用的成本都比较高。

所以条文规定“压实度标准可比表4.2.2-1的规定值降低1%~5%”，这仅仅给出了压实度可降低的范围、可降低的最大值。实际施工控制中，不得一律取“降低5%”。根据当地水文土质情况，可通过以下方法确定压实度可降低的具体值：作出可直接碾压的含水量范围内的重型击实曲线，选择该条曲线的最大干密度与该种土在最佳含水量对应的最大干密度的比值作为压实度标准。“可直接碾压的含水量”指稠度在1.1~1.3之间并且含水量处于前述步骤③所确定的含水量范围内。

6.3 软土地区路基施工

关于软土地区路基施工，原来的规范写得比较简单，因此交通部于1965年发布施行了《公路软土地基路堤设计与施工技术规范》(JTJ 017—96)。本次规范修订包含了JTJ 017—96中施工部分的基本内容，并在此基础上新增加了以下内容：6.3.4 砂(砾)垫层，6.3.8 真空预压、真空堆载联合预压，6.3.10 碎石桩，6.3.12 水泥粉煤灰碎石桩，6.3.13 Y形沉管灌注桩，6.3.14 薄壁筒型沉管灌注桩，6.3.15 静压管桩，6.3.16 强夯，6.3.17 强夯置换。以上增加的内容都是近年在公路工程施工中的成功经验。

一 真空预压、真空堆载联合预压

真空预压法施工是在需要加固的软土内先设置砂井或袋装砂井或塑料板桩等竖向排水通道，在地面铺设砂垫层作横向排水通道，构成排水系统；在砂垫层中埋设主管、滤管，安装主管的出膜装置，安装抽真空装置，构成抽真空系统；铺设密封膜，施工密封沟,深部土层密封,处理加固过程中的地表裂缝,构成密系统。真空预压法施工由三个部分组成,其施工工艺流程见图6-1。

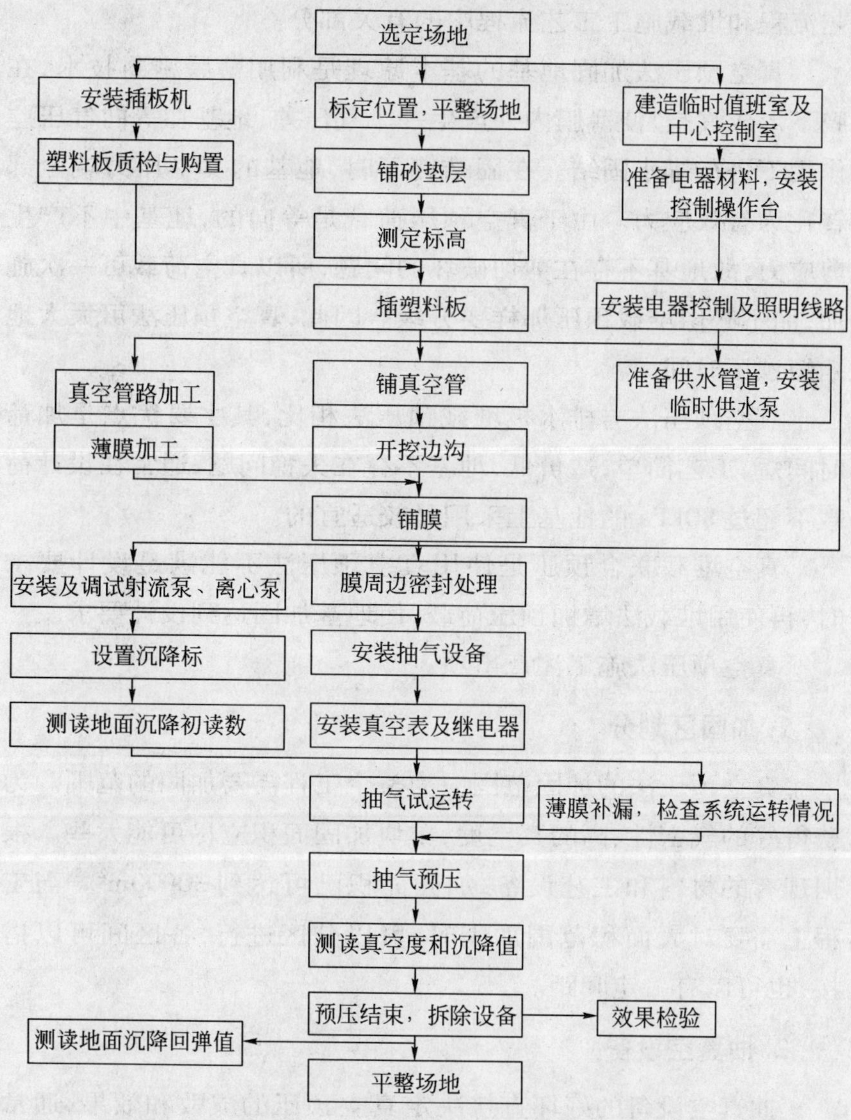

图6-1 真空预压施工工艺流程

真空堆载联合预压时,先按真空预压的要求进行抽气,当真空度稳定后,在膜上铺放编织布等保护材料,将所需的堆载加上并继续抽气,直至满足工程要求为止。

真空堆载联合预压施工的工艺流程可参见真空预压施工工艺流程和堆载施工工艺流程中的有关部分。

真空预压法加固地基的基本原理是利用薄膜密封技术,在膜下形成真空,使薄膜内外产生一个气压差,地基在等向气压差作用下进行排水固结。在固结终了时,地基的真空压力就全部转化为有效应力。由于真空预压荷载是等向的,地基中不产生剪应力,故地基不存在剪切破坏的问题,所以真空荷载可一次施加,而不必像堆载预压那样要分级。因此,真空预压法可大大地缩短预压时间。

真空预压法与排水板堆载预压法相比,其主要优点是加荷时间短,工艺简单,造价低,地基不存在失稳问题,通常在设计荷载不超过 80kPa 的地基上采用是较适宜的。

真空堆载联合预压是使用真空预压法不能满足设计要求时,再使用堆载法增加预压荷载,使地基加固达到设计要求。

真空预压法施工注意事项:

1. 加固区划分

真空预压法的加固范围应为整个工程需要加固的范围。为获得好的气密性、高的真空度,单块加固面积应尽可能大些。根据现有的材料和工艺设备,加固面积已可达到 30000m^2。当工程上需要对大面积范围加固时,可以分区进行,各区间可以搭接,也可以有一定间距。

2. 抽真空设备

抽真空设备的好坏直接决定真空预压的成败和效果,通常宜采用射流真空泵,因其真空度高、设备轻便、易于操作。抽真空时必须达到 95kPa 以上的真空吸力,最好达到 98kPa。真空泵的数量应根据加固面积确定。常用功率不小于 7.5kW 的射流泵，每台可加固 1000～1200m² 的软土地基。面积大时，每个加固区可用几台射流泵，面积小时，一台射流泵可管几个加固区。每个加固场地至少应设两台射流泵。

3. 抽真空管路布置

真空管路的连接点应严格进行密封。为避免膜下的真空度在停泵后降低过快，在真空管路中应设置止回阀和闸阀。真空管路由主管和滤管组成，水平向分布的滤管可采用条状、梳齿状、羽字状或目字状等形式，见图 6-2。滤水管布置最好能形成回路。滤水管一般设在排水砂垫层中，其上应有 10～20cm 厚砂层覆盖。滤水管可采用钢管或塑料管，彼此之间的连接宜采用刚柔性接头。滤水管外面需围绕铅丝，外包尼龙纱、土工织物或棕皮等滤水材料。

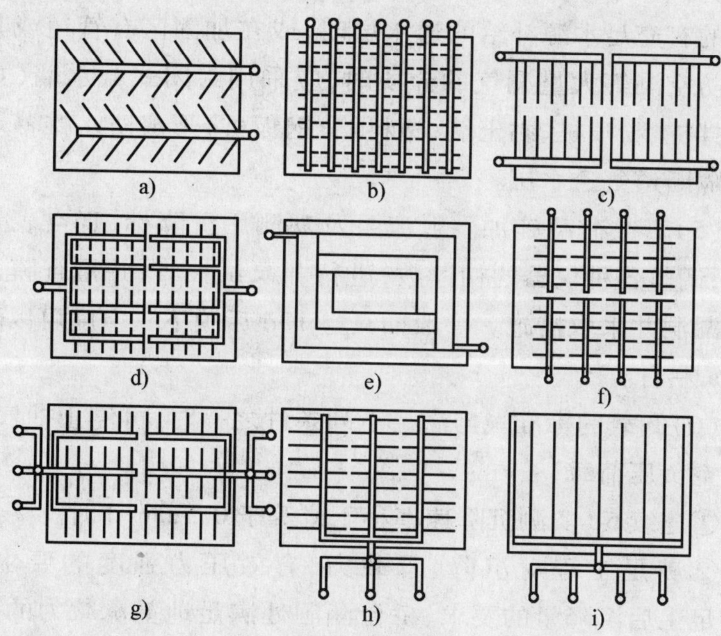

图 6-2 真空管路主管和滤管布置形式图

注：图中双线为主管，单线为滤管。

4. 密封薄膜及密封沟施工

(1)密封薄膜在真空预压中起着关键作用,应采用抗老化性能好、韧性好、抗穿刺能力强的不透气材料,一般采用聚氯乙烯薄膜。密封薄膜热合黏结时,宜用两条膜搭接热合黏结,搭接宽度应大于15mm。

(2)常用密封膜的厚度为0.12~0.14mm。根据其厚度的不同,真空预压时可铺设2~3层。密封薄膜的周边应埋入密封沟内。

(3)密封沟布置在加固区的四周,一般宽度为0.6~0.8m,深度为1.2~1.5m。

(4)当加固区表层为透气性大的土层时,密封沟的深度应大于表层土的厚度而到达下部透气性小的软土层;当加固具有较厚的有充足水源补给的透水层时,或在加固区有管道或其外侧有防空洞等大量漏气的介质时,应采用封闭式截水墙(如深层搅拌桩、粉喷桩、黏土墙、塑料墙、钢板桩)形成防水帷幕等方法来隔断透气透水层。

(5)真空荷载施加。射流泵及观测用沉降标、真空表等布置后,调整各种仪器的初读数,进行开泵试抽气,并检查膜上是否有漏洞并采取措施。一般抽真空10d后膜下真空度可以达到80kPa左右。

(6)卸载的标准。当满足下列条件之一时,可停止抽气(卸掉真空负压荷载):

①连续5d实测沉降速率小于或等于0.5mm/d时。

②满足工程对沉降、承载力、有效压力强度的要求时,如满足工后沉降量的要求、桥台涵洞处满足地基承载力的要求等。

③固结度达到80%以上时。

真空堆载联合预压法,所加荷载系由抽真空产生的等效荷载加上堆载增加的荷载二者组成。当抽真空产生的等效荷载达预计值并趋向稳定时，在膜上铺放编织布等保护材料，加上所需堆载，并继续抽气，直至结束。卸载的标准与真空预压法相同。

二 碎石桩

利用一个产生水平向振动的管状设备，以高压水流，边振边冲在软弱黏性土地基中成孔，在孔内分批填入碎石加以振密制桩，桩体与周围黏性土形成复合地基，使得地基承载力增大，变形减小，抗液化能力增强，这种加固技术称为振冲置换法或碎石桩法。该法具有技术可靠、机具设备简单、易操作、施工方便等优点。与排水固结法相比，该法加固期短，可以采用快速连续加载方法施工路堤，对缩短工期十分有利。

碎石桩施工前通过成桩试验，摸清冲孔、清孔、制桩深度和时间、冲水量、水压、压入碎石量及电流的变化等施工参数。

碎石桩施工的关键是施工中对水、电、料的控制。这些又都与地基土质条件有关，在设计中预估这些因素是很困难的，具体应用时要靠实际经验。因此工程施工必须进行现场制桩试验和必要的测试工作，以论证设计参数的确定和制定施工工艺的控制标准。

碎石桩施工的主要机具有：振冲器、吊机或施工专用平车和水泵。振冲器的型号，应与桩径、桩长及加固工程离周围建筑物距离相适应。应配备适用的供水设备，出口水压应为 400 ~ 600kPa，流量 20 ~ 30m^3/h。起重机械起吊能力应大于 100 ~ 200kN。

1. 碎石桩施工工艺

(1)振动水冲法

振动水冲法施工工艺如下：整平原地面→振冲器就位对中

→成孔→清孔→加料并振密→关机停水→振冲器移位。

①定位。起吊振冲器，对准桩位，检查水压、电压和振冲器的空载电流是否正常。

②成孔。打开水源，启动振冲器，以 1 ~ 2m/min 速度下沉，最大电流不超过“额定电流”值，一旦发现超过时，必须减慢振冲器下沉速度。必要时停止下沉往上提升，借助高压水冲松土层后继续下沉。使其在压力水冲击作用和振动作用下贯入地层至设计深度。

③清孔。成孔后，孔内泥浆稠度大，为排出孔内稠浆，振冲器在加固深度以上 300 ~ 500mm 时停留约 1min，借助压力水将泥浆排出。振冲器上提速度为 5 ~ 6m/min。

④重复步骤②、③一到二次，对于深厚淤泥有时要重复三次（这叫洗孔），最后一次振冲器停留在孔底 1min 让水把泥浆带出孔外，待孔内水清时，将振冲器提出孔口等待加料。

⑤制桩。采用连续加料法自下而上逐段制桩，每次填料数量根据土质条件而定，一般每填料 0. 15 ~ 0. 5m，将振冲器沉至填料中进行振实。当振冲器工作电流达到密实电流时迅速提起，再继续加料、振密，如此反复直至孔口。并记录填料数量、时间、振冲器电流值等。

⑥振冲器完成一根碎石桩后，即关机停水，移位至下一桩位施工。

（2）振动沉管法

采用振动沉管法可以施工振动沉管砂桩和振动沉管碎石桩（两种桩简称砂石桩）。施工程序如下：

吊机进场→振孔器就位→振动、挤土成孔→提起振孔器倒入填料→振捣→再提振孔器倒入填料→再振捣→制桩至孔口→吊机移位。

砂石桩填料工艺有一次拔管成桩法、逐步拔管成桩法、重复压管成桩法。以上工艺视桩孔深度、质量、技术要求而定，一般多采用逐步（每隔固定深度）拔管成桩。

①一次拔管成桩法

a. 桩管垂直就位，桩靴闭合；

b. 将桩管沉入土层到设计深度；

c. 将料斗插入桩管，向管内投料；

d. 边振动边拔出桩管到地面。

②逐步拔管成桩法

a. 桩管垂直就位，桩靴闭合；

b. 将桩管沉入土层到设计深度；

c. 将料斗插入桩管，向管内投料；

d. 边振动边拔起桩管，每拔起一定长度，停拔继续振动若干秒，如此反复进行，直至桩管拔出地面。

③重复压管成桩法

a. 桩管垂直就位，桩靴闭合：

b. 将桩管沉入土层中设计深度；

c. 将料斗插入桩管，向管内投料；

d. 按规定的拔起高度拔起桩管，同时向管内送入压缩空气，使砂石料排出在桩孔内；

e. 按规定的压下高度向下压桩管，将落入桩孔内的砂石料压实。

重复 c ~ e 工序直至桩管拔出地面。

桩管每次拔起和压下高度，通过试桩试验确定。

桩的施工次序一般是“由里向外”或“一边推向另一边”（图 6-3），这样有利于挤走部分软土。对抗剪强度很低的黏性土地基，为减少制桩时对原土的扰动，宜用间隔跳打的方式施工。当加固区毗邻其他建筑物时，为减少对建筑物的振动影响，宜按图 6-3d）所示的次序施工。

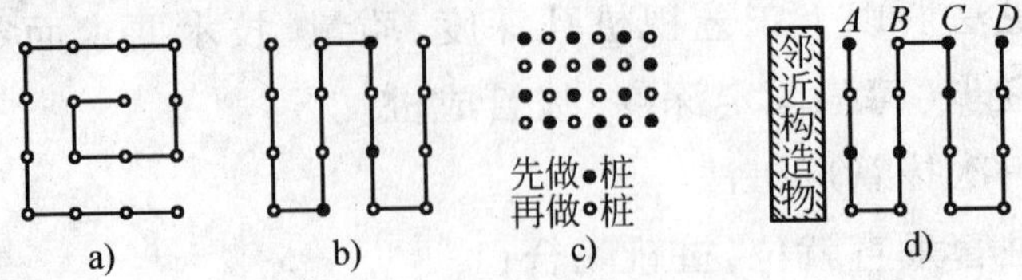

图6-3 桩施工顺序图

a)由里向外;b)一边推向另一边;c)间隔跳打;d)建筑物附近施工次序

2. 碎石桩施工注意事项

(1)振动水冲法

①碎石桩施工应根据制桩试验成果严格控制水压、电流和振冲器在固定深度位置的留振时间。

②水压视土质及其强度而定,一般对强度较低的软土,水压要小些;对强度较高的软土,水压宜大。成孔时水压宜大,制桩振密时水压宜小。水量要充足,使孔内充满水,以防止塌孔。

③应严格控制电压稳定,一般为380V±20V。应控制加料、振密过程中的密实电流。密实电流的规定值应根据现场制桩试验定出,宜为潜水电动机的空载电流加上10~15A,或为额定电流的90%左右;严禁在超过额定电流的情况下作业。

④振冲器在固定深度位置的留振时间宜为10~20s。

⑤填料要分批加入,不宜一次加料过量,原则上要"少吃多餐",保证试桩标定的装料量,一般制作最深桩体时填料偏多。每一深度的桩体在未达到规定的密实电流时应继续加料,继续振实,严格防止"断桩"和"颈缩桩"的发生。

(2)振动沉管法

振动沉管法成桩的质量可采用综合指标来控制,其综合指标包括:

a. 振动头工作频率：一般按 24.5Hz 控制；稳定电压一般为 380V ±20V；

b. 激振力：一般采用 100 ~150kN；

c. 倒入砂石高度：一般为 1.0 ~1.5m；

d. 振孔器密实电流：一般为 80A 左右（根据现场试桩试验定）；

e. 留振时间：一般为 10 ~20s；

f. 拔管速度：以 1.5 ~3.0m/min 为宜。

振动沉管法按一次拔管成桩、逐步拔管成桩、重复压管成桩三种方法施工，分别应注意如下事项：

①一次拔管成桩法

a. 桩的平面位置、垂直度和深度的控制。应保证桩位准确，其纵向偏差应不大于桩管直径，垂直度不应大于 1.5%，深度应达到设计要求。

b. 控制砂石用量不得少于计算值的 95%。当达不到设计要求时，要在原位再沉管投料，或在旁边补打一根。

c. 对桩体连续性和密实度的控制，是通过拔管速度、桩管挤压次数、电机工作电流的控制来实现的。桩管拔起速度不能过快，应通过试桩决定。

d. 在软黏土中施工，桩管未入土前先向内灌 1 ~1.3m^3 的砂石，打到预定深度后，复打 2 ~3 次，可使桩底成孔更好。

e. 当在管内投料不畅时，可向管内通水或压缩空气。

②逐步拔管成桩法

a. 同“一次拔管成桩法”提出的控制要求。

b. 边打边停，停拔结合，能有效促使桩身和桩间土的相对密度增加，提高加固效果。

c. 在拔管过程中要控制拔管速度，速度过快可能造成断桩或缩颈，慢速拔管可使砂石料有充分时间振密，保证桩身密实度。

d. 停拔高度、停振时间、拔管速度均应通过现场试验确定。

③重复压拔管成桩法

a. 同“一次拔管成桩法”提出的控制要求。

b. 保证桩身的连续性，应通过现场试验确定拔管速度、拔管高度和压管高度。

c. 留振时间长，桩身密度大，一般情况下，桩管每提高100cm，下压30cm，留振10～20s。

三 水泥粉煤灰碎石桩

水泥粉煤灰碎石桩(简称CFG桩)是在碎石桩的基础上发展起来的。由于桩体中加入了水泥和粉煤灰形成了高黏结强度的桩，从而改善了碎石桩的刚性，不仅能很好地发挥全桩的侧摩阻作用，同时，也能很好地发挥其端阻作用，CFG桩和桩间土、垫层一起形成复合地基。

CFG桩施工一般采用振动沉管机械设备，因此施打顺序对成桩质量影响较大。根据经验，一般采用隔桩跳打，此时很少发生打桩时桩径被挤小或缩径现象，所以打桩顺序一定要合理。另外，由于断桩或缩径与地表隆起及桩顶的位移有直接联系，所以施工中应注意对地表和已打桩顶位移的测量。一般桩顶位移超过10mm时，需要对桩体进行开挖查验。为保证桩体质量，混合料一定要均匀，且投料要充分。混合料坍落度一般宜为100mm左右。

四 Y形沉管灌注桩

Y形沉管灌注桩是一种派生于传统的沉管灌注桩(圆形)的异形沉管灌注桩。根据“同等截面，多边形边长之和大于圆形周长”的原理，桩侧表面积增加，摩阻力相应增加，即等长等体积的Y形沉管灌注桩比传统的圆形沉管灌注桩侧面积增大、单桩承载力提高。

Y形沉管灌注桩处理公路软基是按桩式路堤设计的,已在申苏浙皖高速公路首先进行了试验研究。

Y形沉管灌注桩实施的关键,在于桩模内设置了中隔板。沉管灌注桩的桩模,在沉灌成桩过程中承受的是压缩和挤涨频繁变换的交变荷载,由于非圆形桩模断面与圆形桩模相比周边存在节点,交变荷载在节点处产生的应力集中会导致节点焊缝早期疲劳破坏。中隔板的设置使应力集中区和焊缝位置错开,固有的矛盾得以化解。而中隔板在临近出口处设有渐变段,逐步过渡到与桩模外形一致,不会影响Y形桩的成型。

Y形沉管灌注桩的施工机具可采用传统圆形沉管灌注桩的施工机具,但由于侧摩阻力的提高,沉拔桩的摩阻力相应也会提高,在机具选型时必须充分考虑。

Y形沉管灌注桩的施工操作与传统圆形沉管灌注桩没有本质上的区别,由于桩模内腔相对比圆形灌注桩的桩模狭窄,混凝土的坍落度可适当相应增加,具体数值因土的性质不同而不同,应通过试桩(确保必要的充盈系数)来确定。

Y形沉管灌注桩用于公路软基处理大多采用素混凝土桩,虽然与传统圆形沉管灌注桩相比施工成桩完整性相对提高,但与钢筋混凝土沉管灌注桩的施工相比由于缺少钢筋笼的约束,还是应注意防止在软硬交替层产生缺陷,必要时可采取分区开挖浅层应力释放沟的措施以减少表层硬壳层的侧向位移,避免形成位移叠加效应。

Y形沉管灌注桩施工应注意控制桩和桩台的同心度,避免桩台接合部产生偏心受压。

Y形振动沉管灌注桩是一项加固软土地基的全新施工工艺,根据试验取得的经验数据总结出“静压沉桩、轻振拔桩、逐斗加料、分级提升”的施工措施，是确保Y形振动沉管灌注桩施工质量的关键。

1. 施工工艺流程

桩靴（尖）埋设→移动桩机→桩管对准桩尖中心→桩机挺杆垂直度调整→加压和振动沉管至设计标高→第一次投料（混凝土）→振动5～10s后边轻振边拔管→第二次投料（混凝土）→间歇振动拔管至地面→检查桩顶标高→土工格栅混凝土承台顶板浇捣。

2. 施工技术要求

（1）沉管拔管施工技术要求：

①沉桩设备就位后，必须平整、稳固，确保在施工中不发生倾斜移动，桩身挺杆必须垂直，在机架上相互垂直面上分别设置两个吊线锤或设置两台经纬仪观察。

②沉管要求采用桩架自重静压沉桩，进入持力层桩架抬起，用振动锤激振至设计标高。

③施工时应严格控制拔管速度，并采取措施保证混凝土密实，具体要求为：桩管内灌入混凝土后，先振动5～10s再开始拔管，轻振慢拔，每拔1～2m，停拔振动5～10s，如此反复；拔起7～8m后将连续振动改为间歇振动，拔管采用加一斗料拔一段管，保持管内混凝土面不高过地面2.5～3.0m，直至桩管全部拔出。拔管速度控制在1.50～2.0m/min内。

（2）桩身混凝土灌注技术要求：

①施工混凝土配合比的确定：灌注混凝土要求为C25，坍落度8～12cm。试验室先取原材料试验，合格后报试验监理工程师检验，通过试配确定混凝土配合比。

②桩身混凝土必须连续灌注。为了确保桩身质量，混凝土灌注充盈系数不小于1.1。

(3)Y形振动沉管灌注桩土工格栅混凝土承台顶板浇捣一体化同时施工,应注意将桩顶浮浆去尽,使桩混凝土与承台混凝土一次浇捣完成成为一体,解决桩台结合部应力集中的问题。

(4)若无现有规范,Y形振动沉管灌注桩可先参照《沉管灌注桩》(浙G20—91)相关要求执行或在图纸交底时明确。

(5)在施工过程中,如发现地质情况与地质报告不符或者达不到设计要求,应及时与设计、监理有关单位取得联系,共同研究处理解决办法。

五 薄壁筒型沉管灌注桩

薄壁筒型沉管灌注桩是复合地基,又称振动沉模大直径现浇桩,是近年开发的地基处理新技术。它吸收了振动管桩、振动沉管桩和振动沉模薄壁防渗墙等技术的优点,具有桩身强度高、直径大、有效加固深度大、单桩承载力高、施工工艺简单、可操作性强、质量较易控制等特点。同时薄壁筒型沉管灌注桩也可以直接支承在砂砾层或风化岩层中,起到支承-摩擦桩的作用。按照工程设计的需要可以配置钢筋笼薄壁筒型沉管灌注桩,也可以是素混凝土薄壁筒型沉管灌注桩。桩长可以单节一次性成桩,也可以是接管型多节长桩(目前实际工程最长已达40m,在温州半岛海堤工程中使用)。壁厚为80~200mm,桩径为0.6~2m,在工程需要及地质条件许可条件下,还可发展出更长直径更大的桩型,例如唐山曹妃甸围海大堤中采用的薄壁筒型沉管灌注桩直径为2m。

自进入21世纪以来,混凝土薄壁管桩复合地基,在长江三角洲地区的高速公路地基处理中得到了不少应用;湖南常(德)张(家界)高速公路在常德段的部分湖泊相软基处理中也进行了试验,取得了成功。混凝土薄壁管桩的单桩承载力可达水泥粉喷桩的 10 倍，其单位面积加固费用为 250 元/m^2 左右，仅略高于水泥粉喷桩，因而为软基处理特别是为较厚的软基处理提供了一种新的具有竞争力的技术选择。但混凝土薄壁管桩施工噪声大，对地基土的扰动也较大，不宜在城市和构筑物或建筑物旁侧施工。

薄壁筒型沉管灌注桩加固机理，采取自动排土振动灌注成桩技术，依靠沉腔上部锤头的振动力将内外双层钢套管所形成的环形腔体在活瓣桩靴的保护下打入预定的设计深度，在腔体内现浇混凝土，然后振动拔管，在环形区域中土体与外部土体之间便形成混凝土管桩。并在桩顶设置褥垫层和土工格栅以保证桩土共同承担荷载，并调整桩与桩间土的竖向及水平荷载分担比例，减少基底应力集中问题（图 6-4）。混凝土薄壁沉管桩复合地基具有挤密作用、竖向加筋作用和垫层作用。它适用于下卧层中有良好持力层的淤泥质黏土、素填土、砂土、粉砂土、高液限及低液限黏土。

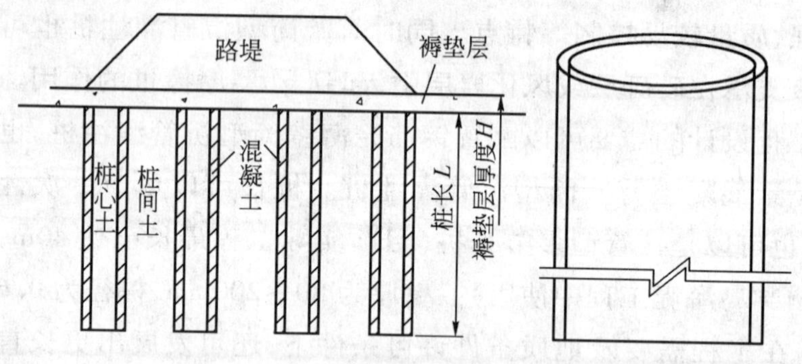

图 6-4　薄壁振冲管桩剖面示意图

1. 薄壁筒型沉管灌注桩施工

（1）施工程序

平整场地→放桩位→振动沉模现浇管桩机就位→捆绑混凝土腔模颌板→振动加压挤土成孔→灌注混凝土→振捣，拔管提升→再浇筑混凝土→再振捣→制桩完成→拔出管模。

(2)施工机械设备及人员组织

薄壁筒型沉管灌注桩施工的主要施工机械为振动沉模大直径管桩机。它包括滚管式打桩架、功率110kW的偏心振动器及上料斗等。其他附属设备包括混凝土搅拌机等。每台打桩机需要15人左右,包括桩机操作、搅拌机操作工各1名,制备混凝土料1人,混凝土运送工、打桩前台及后台各4人左右。每个台班可成桩150m。

(3)施工注意事项

①要保证桩管的垂直度,施工时应以经纬仪或铅锤校准,垂直度应控制在2%以内。

②沉管速度要均匀,避免突然加力和加速,沉孔深度应达到设计桩底标高。

③当桩身穿过硬壳层或土层较干、硬,成孔困难时,应提升桩管灌水,然后再振入。

④混凝土制备:要严格按配合比和水灰比控制,混凝土搅拌时间不少于2min,坍落度控制在要求范围内。

⑤必须保证混凝土薄壁管桩的质量。每次灌注混凝土后,拔管高度应为混凝土填充高度的1/2左右,提升速度应控制在1m/min左右,应边拔,边振动,使之密实,最后5m应一次性拔出,中间不得停顿。

⑥混凝土的运距应控制在80m以内,运输时间应控制在2min以内,以保证混凝土的和易性。

⑦为了减少沉孔时的振动影响,打桩时宜选取跳排隔打式。

⑧铺设桩顶的砂砾垫层,应在管桩的混凝土达到设计强度后方可进行,砂砾垫层厚30~50cm。当设计为50cm厚时,宜在中间及顶部分别设置一层土工格栅,土工格栅端部应翻折1m。

⑨施工前应进行工艺试验，通过现场试桩确定成桩工艺参数。

2. 薄壁筒型沉管灌注桩质量检测

（1）桩基质量检测方法

①现场开挖检查，数量不少于3根。

②桩基静载试验，试验数为总数的1%，且不少于3根。

③管桩钻芯检测，数量不少于3根。

④基桩低应变动力检测，应在桩体上取4个测点，检测数量视情况而定。

（2）桩间土的检测方法

桩间土的检测方法与其他竖向加筋复合地基相同，可通过荷载板试验、动力触探、静力触探、标贯试验进行。

（3）复合地基的检测

复合地基主要通过载荷板试验进行检测。

桩基及复合地基的检测应在成桩28d后进行。桩间土的检测则应视地基土层和孔隙水压力的消散情况而定，黏土应在成桩3~4周后进行，对于砂土地基可在成桩后1周进行。

六 静压管桩

静压管桩（打入桩）在建筑地基基础工程中应用广泛，施工工艺成熟。预应力管桩在浙江省沪杭甬高速公路拓宽工程中使用，另外，沪、苏、浙、皖等省市在高速公路中用于处理桥头软基，使用效果很好，但造价昂贵。

静压管桩施工中，先张法预应力管桩均为工厂生产后运到现场施打。先张法预应力管桩，强度较高，锤击性能比一般混凝土预制桩好，抗裂性强。因此，总的锤击数较高，相应的电焊接桩质量要求也高，尤其是电焊后有一定间隙时间，不能焊完即锤击，否则容易使接头损伤。

七 强夯

强夯法,即“强力夯实法”,或叫“动力固结法”。它是将很重的夯锤从高处自由落下,给土体以冲击和振动,从而提高地基的强度,降低土体的压缩性。它是在重锤表层夯实法的基础上发展起来而又与重锤表层夯实法不同的一项加固技术。

关于强夯法加固地基,目前普遍一致的看法认为,经过强夯后,土体强度提高过程可分为四个阶段:①夯击能量转化,同时伴随强制压缩或振密(包括气体的排出,孔隙水压力上升),在强夯时,瞬时发生;②土体液化或土体结构破坏(表现为土体强度降低或抗剪强度丧失);③排水固结压密(表现为渗透性能改变,土体裂隙发展,土体强度提高);④触变恢复并伴随固结压密(包括自由水又变成薄膜水,土的强度继续提高),强夯终止后很长时间才能达到。

强夯法施工适用于处理碎石土、砂土、低饱和度的粉土与黏土、湿陷性黄土、素填土和杂填土等地基。

地下水位较高的地基强夯时,夯前应采取适当的降水方法将地下水位降至要加固层深度以下。

1. 强夯法施工

(1)施工设备

①夯锤:夯锤应该重心低,着地稳定性好,产生的负压、吸力和气垫作用小。

②起重设备:履带式吊机稳定性好,施工速度快,吊机的接地压力应小于表土承载力,由于采用自动脱钩,吊机的起重力(起重锤重的1.5~3.0倍)比起重钢丝绳跟锤上下起落的吊机(起重锤重的3~5倍)要求低,因此应尽可能采用能自动脱钩的吊机。

(2)施工工艺流程

强夯施工工艺流程如图 6-5 所示。

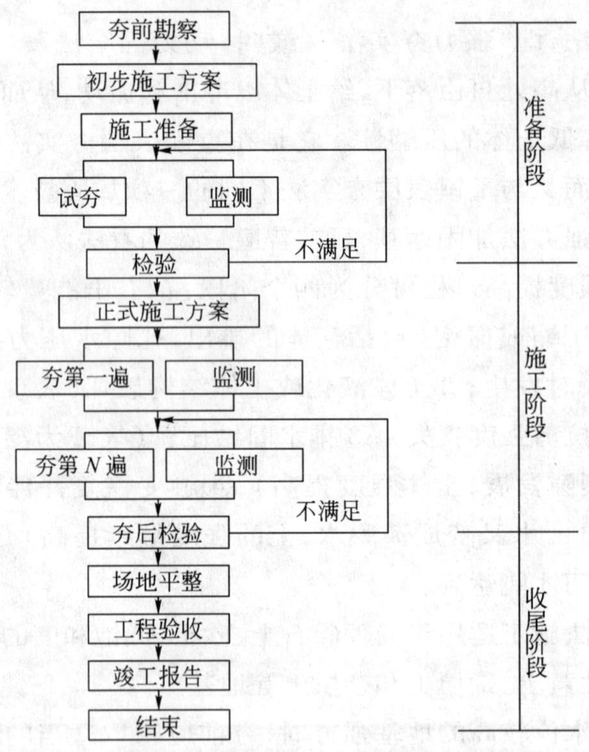

图 6-5　强夯施工工艺流程框图

(3)施工工艺要求

①平整场地:为了便于强夯施工,施工机具进入场地前,先用推土机平整场地,并根据试验场地的夯沉情况估算强夯后地面沉降值,依此确定地面高程。施工前应查清场地内的地下管线和地下构筑物的位置及标高,并采取必要措施,防止受到施工损害。

②铺砂:在强夯中,由于波在传播过程中在不同土层间有反射和折射作用,表面的多次反射使表层土体疏松,同时瑞利波的竖向分量也起着松动表层土体的作用。因此,在地表有饱和细颗粒土和地下水位较高时,在表面铺设 1.0 ~ 2.0m 的砂石,不

仅可作为承受强夯机械的持力层，又可减少由于冲击波而造成的上部土层的松动；此外，还可加速强夯产生的超静水压力的消散。

③夯点的定位：强夯前，应采用小木桩或用石灰标出第一遍夯击点的位置，其偏差不大于5cm，并测量地面高程。

④试夯：应先划出一定面积的试夯区，通过试夯及其效果的检测分析，修改完善强夯设计，确定施工工艺参数，为正式施工提供指导。试夯时的现场测试内容，包括地面变形测量、孔隙压力和侧向压应力的测量、标高、载荷板试验及振动影响区的观测等。

⑤吊机就位进行强夯：吊机就位，测量夯前锤顶高程，然后按施工设计图的次序进行强夯。首先按设计规定的夯击次数及控制标准完成一个夯点的夯击，夯锤每次脱钩下落后应测量锤顶高程。若夯锤歪斜，应及时将坑底整平，然后换夯点重复施工。完成第一遍夯点的夯击，继而用推土机推平，填满夯坑，并测量地面高程，如此反复继续，直到在规定的间隔时间后，逐次完成全部夯击遍数。最后一遍用低能量搭夯，落距可降低为3～5m。

停夯时应注意及时排出夯击坑内积水，以利地基排水。

⑥强夯过程的场地处理：大面积施工时，夯实一遍后，如场地为粗粒土就用推土机将场地推平压实；如为细粒土，要等孔隙水压力部分消散后，击坑内最好能填粗粒土，或用场地的土推平压实。最后一遍夯击后，将场地平整到设计标高，由压路机压实。

⑦施工质量的控制：施工时要控制最后两锤的平均下沉量：第一、二遍不大于8cm；第三、四、五遍不大于5cm。如最后两锤的平均下沉数超过上述规定值，应再增加锤数，使其达到标准。当然还可以孔隙水压力达到液化压力为控制的标准。

⑧隔振要求：强夯施工中夯锤冲击地基时所产生的冲击波，会对周围环境造成振动以及破坏，因此，在强夯施工前，必须对周围环境对振动的允许程度进行调查，并根据环境要求控制单击夯击能。

施工时应设置监测点，并采取挖隔振沟等隔振或防振措施。隔振沟一般宜开挖至地表下 2.0m 左右，或开挖至建筑物基础最大埋置深度。隔振沟可环绕强夯场地，也可在被保护建筑物临振源侧开挖。强夯场地附近的建（构）筑物距夯击点的最小安全距离不得小于 15m，且由强夯引起的地面波速应小于 5.08cm/s。

2. 质量检验

强夯施工结束后，间隔一定时间再进行质量检验，对于碎石土和砂土地基间隔 1～2 周，对低饱和度的粉土和黏性土地基为 2～4 周。质量检验方法可根据土性选用原位测试和室内土质试验。对于重要工程应增加检验项目，也可做现场大型荷载试验。

八 强夯置换

强夯量换法施工与一般强夯法的施工基本类似，施工使用的机具设备、操作步骤也基本相同，只是在夯击过程中不断地加入散体材料并进行夯实。前者属地基土质改良为均质地基，后者属地基加固为复合地基。因此，强夯施工的一般法则在强夯置换法中同样适用，只是增加了置换法的特殊内容。

强夯置换是强夯用于加固饱和软黏土地基的方法。强夯置换法的加固机理与强夯法不同，它利用重锤高落差产生的高冲击能将碎石、片石、矿渣等性能较好的材料强力挤入地基中，在地基中形成一个一个的粒料墩，墩与墩间土形成复合地基，以提高地基承载力，减小沉降，对墩周土体作用同强夯法。在强夯置换过程中，土体结构破坏，地基土体产生超孔隙水压力，但随着时间的增加，土体结构强度会得到恢复。粒料墩一般都有较好的透水性，利于土体中超孔隙水压力消散产生固结。

强夯置换法的施工，可分为墩柱式强夯置换法和整体式强夯置换法两种施工方法。下面分别叙述其具体施工步骤：

1. 墩柱式强夯置换法施工要点

（1）在施夯的场地上先铺设0.5～1.0m的砂石垫层，再进行施工。夯孔的施打宜采用隔孔分序跳打的方式，见图6-6。以圆柱形夯锤按夯点布置和顺序夯击，夯坑深度控制在1.5～2.0m。第一遍夯至控制深度后，在夯坑内充填石料，石料最大粒径小于30cm；将夯坑填满后再进行第二遍夯击，在夯坑深度又达到1.5～2.0m时，再充填石料至地面，然后进行第三遍夯击；将夯坑夯击1m左右深度后，再用石料填平至地面高度后振动碾压三遍。夯击时，第一、二遍每夯点夯击次数根据试夯资料来确定，每遍夯3～6击左右，第三遍夯击3击，并以最后一击夯沉量不超过5cm为控制值。

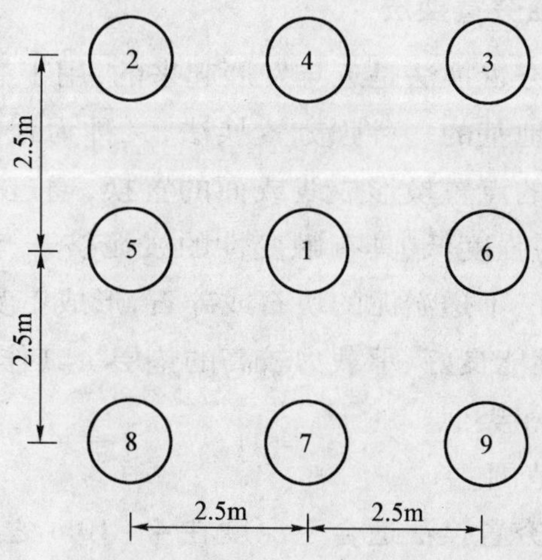

图6-6 强夯置换点布置及施工顺序图

(2)墩柱式强夯置换的施工参数:

①夯击能越大,置换深度越深。在单击夯击能与置换次数相同的情况下,强夯置换深度与第一次置换夯坑的深度成正比,即要获得较深的置换深度,就应加大第一遍夯击的总能量。

②随着置换次数的增加,散体材料的墩径和置换深度及挤密区都增大,但置换深度和挤密区的增大较墩径的变化更显著。工程中一般可采用3~5遍的置换次数。置换深度要求较深时,应采取较大的置换次数。

③夯坑夯击深度同单位底面积的夯击能量与单位面积锤底静压力密切相关,夯锤底面积越小,对地基的楔入效果和贯入力越大,夯击后获得的置换深度就越深。

④夯击点布置成三角形、长方形等。夯点间距,应视土体性质和上部结构形式而定,最主要是根据试夯资料确定,一般取1.5~3.0倍的夯锤底面直径。当土质较差,要求置换深度较深及承载力要求较高时,夯点间距可适当加密。

2. 整体式强夯置换法

整体式强夯置换法是近年发展起来的,用于淤泥、淤泥质土等饱和软黏土地基的一种强夯置换法,又称为强夯置换挤淤沉堤。它以密集的点置换形成线或面的置换,通过强夯的冲击将含水量高、抗剪强度低、具有触变性的淤泥挤开,置换以抗剪强度高、级配良好、不透淤泥的块石或碎石,形成密实度高、压缩性低、应力扩散性能良好、承载力较高的垫层。其作用机理与置换垫层作用机理相类似。

(1)适用范围

整体式强夯置换法适合于深度在4~10m之间软土上条带状路堤、堤坝、防波堤等的地基处理。一般宜将石料挤至软土底层较硬的土层上。

(2)所用材料

选用最大粒径不超过1m、透水不透泥、级配良好、结构密实、抗剪强度高的块石或碎石。

(3)施工工艺与施工参数

①单击夯击能

由于要将淤泥挤开,将石料夯至底层,单击夯击能应大于普通强夯的单击夯击能,具体数值由试夯确定。

②单位面积的单击能

单位面积单击夯击能越大,挤淤效果越显著;单位面积单击夯击能或锤底静压力过小,挤淤效果就差。因此,强夯挤淤应提高夯锤锤底单位面积的静压力和单位面积的单击夯击能。

③夯击次数

强夯挤淤与强夯加固目的不同,因此,夯击时宜利用淤泥的触变性连续夯击挤淤,不宜间歇,一般宜一遍接底。夯击次数宜控制在最后一击下沉量不超过5cm。夯坑深度超过2.5m后,挂钩会发生困难,可将夯坑推平后再夯击。

④夯点间距

夯点间距可根据强夯抛填物体实测应力扩散角,按式(6-6)计算,并参照试夯资料,要求将夯顶部连成一片,且夯坑间隔应比未强夯部位低0.5m以上。

$$S = D + 2H\tan\alpha \tag{6-6}$$

式中:S——夯点间距;

D——夯锤直径;

H——抛填体厚度;

α——应力扩散角,块石可取8°~11°。

⑤加固宽度

整体式挤淤置换除了应满足建筑物基底应力扩散要求和施工期间车辆行驶要求宽度外,还要满足挤淤堤的整体稳定和局部稳定。整体式挤淤沉堤宽度 L 应满足式(6-7)和式(6-8)的要求。

$$L \geqslant \frac{\gamma H^2}{C_u}\tan\left(45° - \frac{\varphi}{2}\right) + 2h\tan\left(45° - \frac{\varphi}{2}\right) \tag{6-7}$$

式中：L——整体式置换的宽度；

γ、φ——沉堤填料的重度及内摩擦角；

H——施工期间沉堤厚度；

C_u——淤泥的不排水抗剪强度。

式中第一项为整体稳定宽度要求，第二项为局部稳定的安全储备。

$$B' > B + 2Z\tan\theta \tag{6-8}$$

式中：B'——接底宽度；

B——基础底面宽度；

Z——经强夯置换地基深度。

⑥施工工艺

先挖除阻碍沉堤的塘堤、路堤及表面硬壳，再抛石压载，抛填厚宜为 3 ~ 6m。为防止中间厚两侧薄，宜沿抛填体边挖去部分淤泥，增加底宽。宜采用一排排施打方式，必须由抛填中心向两侧逐点夯击。采用 50t 夯机时，可分二序施工，先夯一侧，再夯另一侧；采用 100t 夯机时，可一序施工，必要时可进行第二遍夯填。

6.4 红黏土地区路基施工

红黏土指碳酸盐类岩石在亚热带温湿气候条件下经风化后形成的褐红色黏性土。红黏土压实后水稳性较好，强度较高。

处理措施有：

(1)掺加砂砾能改善高液限土（红黏土）的液限、塑性指数以及 CBR 值，当粗粒料含量大于35% ~40%时一般能达到标准土质的填筑要求。

(2)随着砂砾含量的增加,对裂缝的抑制作用愈来愈明显,抗裂性能得到相应提高。

(3)化学改良(掺入石灰、水泥等外加剂)可有效降低含水量,提高强度,同时又可降低塑性指数,提高水稳性。

(4)包边法:将不能直接填筑的红黏土进行隔水封闭。外包材料为水稳性较好的低液限土。但是对于碾压稠度偏低(小于1.15)导致难以压实的红黏土应避免采用此法。该法建议使用于下路堤填筑。

6.5 膨胀土地区路基施工

膨胀土是指土中黏粒成分主要由亲水性矿物组成,同时具有吸水膨胀、失水收缩两种变形的高液限黏土。凡是同时具备下列两个条件的黏土即可判断为膨胀土:液限大于或等于40%;自由膨胀率大于或等于40%。

膨胀土根据其膨胀率大致可分为强、中、弱三级,一般在设计文件中有规定,也可取样通过土工试验而定。根据土的自由膨胀率Fs,膨胀土可分为:

弱膨胀土:40% ≤Fs<65%

中等膨胀土:65% ≤Fs<90%

强膨胀土:Fs≥90%

强膨胀土难于捣碎压实,故条文规定不应作为路堤填料。对于中、弱膨胀土,经处理(一般掺石灰)可作为路床填料,用作高速公路路面底基层石灰土也有成功实例。要求处治后的中、弱膨胀土的塑性指数降到满足施工要求,便于粉碎压实,浸水CBR强度符合本规范表4.1.2的规定。在这样的条件下,处治后的土,经压实之后是稳定的。作为路堤填料的膨胀土,高速公路及一级公路宜进行处治;如采用包边的方法,并及时采用浆砌片石护坡,亦可不加处治。弱膨胀土可用于三、四级公路的路堤填料，在水文条件较好时，亦可不作处理。条文对膨胀土地区路堑施工也作了相应的规定，其作用是保持这类土的水稳性。

中、弱膨胀土改性后作为路堤填料已在公路建设中普遍应用，并取得成功。在使用时都是在膨胀土中掺一定量的石灰，对土进行改性，即"砂化"，主要使膨胀土砂化，降低塑性指数、含水量，便于粉碎、压实，同时也降低膨胀土的膨胀量，提高膨胀土的强度和水稳性。

石灰掺量的多少与膨胀土的矿物组成有关，与改性后的性能要求有关，必须由试验确定。施工时还应注意以下几点：

(1)中、弱膨胀土改性掺石灰的用量应由试验确定。

(2)掺石灰宜分两次进行，第一次掺石灰是为"砂化"降低塑指，便于粉碎；第二次掺石灰是为提高强度，控制膨胀量。"砂化"的时间视土块程度而定，第二次掺石灰的剂量视浸水CBR值要求大小而定。

(3)膨胀土掺石灰后，土与石灰在化学与物理化学作用下，进行离子交换作用、碳酸化作用、结晶作用、灰结作用，随着时间的延长，混合料中的钙、镁含量要衰减，最终为零，灰土的干密度也要随之衰减，而灰土的强度随之增大。

(4)掺石灰后，一定要控制土块粉碎后的大小，宜将16mm粒径的土块控制在15%以内。否则大土块多达不到改性的目的，吸水后强度下降造成质量问题。

(5)第一次掺灰必须在土场进行，第一次掺灰量和"砂化"时间要根据试验段来确定。如果土块在土场闷料3～5d还是不容易破碎的话，最好利用膨胀土遇水崩解性的特点，把已闷3～5d的料土运到路基上初平到设计层厚的1.2倍后，充分洒水或利用下雨使土块崩解，再翻晒拌和来保证"大于16mm的土块含量要小于15%"的要求。

(6)膨胀土第一次闷灰时间越长,膨胀土越容易粉碎,闷灰时间长对石灰改良膨胀土强度没有影响。第二次掺灰拌和后尽快整平碾压成型是保证石灰改良膨胀土强度的关键。

(7)为保证石灰改良膨胀土的板体强度的形成,第二次掺石灰量不低于3%(生石灰剂量)。

(8)标准击实试验的土料准备过程尽量与实际施工工艺要求的掺灰方法、掺灰间隔时间、闷灰时间、拌和时间、含水量变化过程等一致,击实试验应采用"湿土法"。

(9)石灰改良膨胀土成型后压实度还会随龄期的增长而降低,施工前要做压实度随龄期的衰减曲线,为以后抽检提供标准。

6.6 黄土地区路基施工

1. 排水与地基处理

黄土路堤的边坡容易遭受雨水冲淘,防水措施极为重要,故成型后的路堤应及时拍紧、整平、刷顺,做好排水防护工程,防止受雨水的浸害极为重要。

基底处理:防止黄土地基受水浸而湿陷,可按设计要求或根据实际情况采用垫层法、强夯法、冲击压实法、素土桩(石灰桩、碎石桩)挤密加固法、重锤法、换填土、预浸水法、灰土改性加强、压力注浆法、单液硅化或碱液加固法等措施加固黄土地基,加固的目的是提高土层的承载力,减少路堤下沉量。一般情况下,地基处理范围为:大于基础的平面尺寸,每边宽出基础外缘的宽度不宜小于3m。

2. 黄土路堤施工

黄土地区多半干旱少雨,水源困难。高岗土一般偏干,低于或稍低于最佳含水量,采用15t以上重型压实机具,控制层厚,可以获得满意的压实效果。低阶地和农业灌溉区含水量一般偏大，一级以上公路施工为争取时间，通常采用加入石灰的处理方法，十分有效，拌和一般采用稳定土拌和机，其压实厚度不宜大于200mm。

路堤压实宜采用重型振动羊足碾，松铺厚度250～300mm，一般碾压5～7遍，即可达到规定的压实度。如采用50t特重型压路机，松铺厚度可达400mm。准确控制松铺厚度，是保证压实度的前提。

当采用振动压路机时，第一、二遍不振动静压，采用低碾压速度，先慢后快，一般为2～4km/h，继而由弱振至强振，但最大行驶速度不宜超过6km/h。

在碾压时，严格掌握土的含水量，可略小于试验的最佳含水量，在低于最佳含水量1～2个百分点时进行，压实效果会更好一些。碾压过程中，注意碾压遍数，如增加碾压遍数，会造成路基表面出现土质干裂成粉（约10～20mm厚），继续增加碾压遍数，干裂深度会加深，反而难以压实，所以应注意碾压吨位与碾压遍数的协调，做到一次压实成功。

黄土地区路床的土基强度应符合设计要求，当不能满足要求时，应对原土进行处治。

路堤填筑，应充分考虑黄土特性，做到土方工程完成后，其断面满足设计要求。

压实质量的好坏直接影响路基的整体强度、稳定性，压实是公路工程施工过程中的一个重要环节。规范条文系根据黄土地区近几年路基施工经验编写。

高路堤路基边缘部分通常两侧每边加宽0.3～0.5m，路堤完工后进行刷坡，一般刷0.7～1m高，然后做一外倾的护坡道，并将下部刷顺，夯拍紧密。

黄土是一种特殊的土，遇水之后强度变化很大。高速公路、一级公路交通量大，平整度要求较高，为确保高速行车舒适，营运中路床不产生变形,故对上路床的土质提出了强度的规定。

3. 黄土的陷穴处理

黄土经水的冲蚀形成的暗沟、暗洞、暗穴等统称陷穴,它的危害很大。黄土陷穴是由黄土的某些特性(垂直节理、多孔性、大孔性、含可溶盐等)所引起的一种物理地质现象。

当黄土类土受水浸泡时,水一方面溶解黄土中的可溶盐,另一方面在黄土微粒间起着润滑作用,使黄土微粒在自重作用下发生位移下沉,使地表发生沉陷现象。故条文规定应将地表水、地下水引入防渗层的水沟内排走。

水的潜流溶解黄土中的可溶盐,破坏黄土结构,松动黄土微粒及其集合体,并携带它们流向出口。这样逐渐掏蚀黄土体,使其中产生暗穴。暗穴的洞壁坍塌,又使其逐渐扩大。

陷穴有多种类型,一般多呈竖井状及串珠状。在地形起伏多变、地表径流容易汇集的地方和在土质松散、垂直节理较多的新黄土中,最容易形成陷穴。在填方路堤中,填土夯实密度不足是陷穴病害的主要根源。陷穴对公路运输畅通和安全具有相当大的危害,一般均需按条文规定进行处理。

黄土陷穴处理可以采用以下措施:

(1)灌砂法:本法适用小而直的陷穴,以干砂灌实整个洞穴。

(2)灌浆法:本法适用洞身不大,但洞壁起伏曲折较大,并离路基中线较远的小陷穴。施工时先将陷穴出口用草袋装土堵塞,再在陷穴顶部每隔 4 ~5m 打钻孔作为灌浆孔,待灌好的土浆凝固收缩后,再在各孔作补充灌浆,一般需要重复 2 ~3 次,有时为了封闭水道也可灌水泥砂浆。

(3)开挖回填夯实:本法适用于各种形状的陷穴,填料一般用就地黄土,并分层夯实。

(4)导洞和竖井:本法适用较大、较深的洞穴。由洞内向外逐步回填夯实，在回填前，应将穴内的虚土和杂物彻底清除干净。当接近地面0.3m时，应用老黄土或新黄土加10%的石灰拌匀回填夯实。

6.8 风积沙及沙漠地区路基施工

1. 取土和弃土

(1)为防止扰动路基，主风向单一时，取土坑应设在下风侧路堤坡脚处至少5m外。当必须两侧取土时，应对取土废坑封闭或摊平。对粗沙平地一般不宜取土，应加以保护。

(2)沙漠地区天然稀疏的植被是十分宝贵的，植被和长期形成的地表是防风沙的天然屏障，不宜扰动，因此取土坑应尽量减少对植被和原地貌的大面积破坏，以免形成新的沙害，取料结束后应尽快整平，恢复原有植被。取土坑原地面的草皮、腐殖土或其他不宜用作填料的土均应废弃、处理。

2. 填方路堤

(1)填方路堤施工前的原地面，应按照设计进行清理。基底属粉质淤积土质段路基施工，如果路基高度在1.0~1.5m以下时，应换填一定厚度的风积沙，其厚度应满足基底强度要求，一般不小于600mm。

(2)沙基填料，不得使用沼泽土、淤泥、冻土、含草皮土、生活垃圾、树根和含有腐朽物质的土。对有机质含量大于5%、液限大于50%、塑性指数大于26的土，不得直接作为路堤填料。

(3)路堤填筑宜采用水平分层填筑方式，以便于质量控制，填筑时按照横断面全宽推筑。当路线跨越深谷，地面沙丘高差大、陡坡路段上半填半挖的沙基及难以水平分层卸土路段可采用竖向填筑方法，沿路线纵向逐步向前深填。

3. 挖方路基

挖方时,要减少对沙体大面积的扰动破坏,以免形成沙害,同时增加工程量,所以挖方路基施工前应做好施工组织设计,核实调整土方调运图表。开挖前,应放样标明路基的轮廓,减少超挖,杜绝乱挖。根据施工组织设计配齐成套的各种必要的施工机械,并做好保修准备。

路堑开挖中,如遇土质变化或达不到设计要求需修改施工方案及边坡坡度时,应及时报批。

4. 土工布

在流动沙漠地区沙基上铺设土工合成材料,可以提高沙基的抗剪能力和承载能力,起到加固沙基的作用,有效阻止沙基在荷载作用下变形,同时方便施工。

土工布采用聚丙烯编织布,幅宽根据路面宽而定。尽可能采用整幅土工布摊铺。所选用的编织布应具有足够的强度,要满足表 6-3 的质量标准。

聚丙烯编织布质量标准 表 6-3

项　目	握持强度(kN)	刺破强度(kN)	梯形撕裂强度(kN)	CBR 顶破强度(kN)
标准值	≥1.2	≥0.5	≥0.3	≥2.5

编织布外观应质地均匀,编制规整,不得采用黏结、断丝、缺经少纬的次品,应放于阴凉室内或土埋储藏,储藏期从出厂日期算起不得超过 18 个月。

土工布施工沿路线纵向由人工或机械牵引(如压路机),将每卷土工布(不宜超过 500m)展铺在沙基上,展铺尽量减少皱褶。展铺后严禁非作业车辆在其上行驶。编织布应拉紧、张平,为防止被风掀起,可在边缘搭接处撒少许风积沙或天然砂砾压住。相邻两幅土工布的接头,可用细铁丝或延伸率较小的尼龙绳呈“之”字形穿绑，或采用其他有效方法连接。

土工布展铺好后，用振动压路机振动碾压一遍，可使土工布与沙基结合紧密，增强沙基表层密实度。土工布破损时，应采用面积大于破损面各边 200mm 的方形土工布置于其下部并铺平。

5. 沙漠路基压实

沙基压实要根据当地气候和水源条件，确定采用干压实或湿压实方法。一般有水源或潮湿地区，采用湿压法；对极端干旱的流动沙漠地区可采用干压实方法。干压实时，应采用振动压实机具。

用于路基干压实的压路机应具备以下技术性能：10～20t 铰接式自动振动压路机；振动频率在 30～40Hz，振幅在 0.4～0.1mm 之间；碾压速度不大于 6km/h。路基干压时应采用高频低幅的原则。

用压路机直接在沙基上进行振动碾压，碾压遍数为：填方路段 3～4 遍，挖方路段 2～3 遍，碾压速度以 2km/h 为宜。必须指出，振动碾压遍数不宜过多，碾压遍数过多将使沙粒重新分布组合，达不到压实效果。路基表层的碾压，在铺完编织布和砂砾底基层后，按要求振动 1～2 遍。

根据试验结果以及沙漠地区环境特点、生产的经济性、工程进度的因素，推荐出的不同机械合适的风积沙路基碾压厚度和碾压遍数如下：

(1)风积沙天然含水量条件下的路基压实

小型推土机有效压实厚度 15cm，碾压遍数不小于 7 遍。

中型推土机有效压实厚度 25cm，碾压遍数不小于 7 遍。

大型推土机有效压实厚度 30cm，碾压遍数不小于 7 遍。

10t 羊角碾振动压路机压实厚度 25cm，压实遍数不小于 7

遍;或压实厚度 30cm,压实遍数不小于 8 遍,同时均要采用中型推土机终压 2 遍。

12t 振动轮振动压路机压实厚度 25cm,压实遍数不小于 7 遍。

18t 振动轮振动压路机压实厚度 30cm,压实遍数不小于 6 遍;或压实厚度 40cm,压实遍数不小于 8 遍。

(2)水坠法的路基压实

按照以前的研究结论和当地处理地基的惯例,采用水坠法处理过的路基均较为稳定,是较为成熟的路基处理方法。此方法可用于处理桥头、通道台背、涵洞台背等较易产生沉陷部位,但必须是水源充足、取水方便的路基压实路段。

推荐水坠法施工压实厚度为 30cm,采用中型推土机稳压 2 遍,18t 振动轮振动压路机碾压遍数不小于 3 遍。

如果结构物地下水位较浅,采用饱水振动法的最大干密度计算压实度,建议压实度不小于 94%;如果当地气候干燥、地下水位深,采用干振法的最大干密度计算压实度,压实度不小于 95%。

有效厚度为压实后的厚度,摊铺厚度根据有效厚度和松铺系数计算。松铺系数由于现场试验不同的施工机械、施工工艺以及其他因素的影响而不同,一般取 1.07 ~ 1.14。

同时建议在风积沙路基施工时,一般在风积沙天然含水量的条件下压实路基,并采用较大吨位的压实机械进行压实;水坠法施工应用于通道、结构物的台背的风积沙回填施工。

(3)风积沙路基压实工艺

通过对风积沙路基极限承载力、推土机和振动压路机压实路基时的受力分析、施工机械碾压厚度的计算结果可知,直接采用振动压路机压实风积沙路基时由于路基承载力不足,可能将压路机陷入松软的风积沙中,所以采用推土机进行稳压,这和施工现场的施工工艺完全吻合。振动压路机在压实过程中风积沙表面总有 10cm 左右松散层,这是由于风积沙表面承载力不足,在振动碾压时表面风积沙结构总是被破坏，无法压实。当采用合理的碾压厚度碾压上层风积沙时，这一层表面会被碾压密实，达到规定的压实度。试验研究表明风积沙路基压实工艺为：

当采用推土机压实风积沙路基时，需要采用以下压实工艺：风积沙摊铺完成后直接用推土机压实。

当采用振动压路机压实风积沙路基时，需要采用以下压实工艺：风积沙摊铺完成后，先用中型推土机稳压1～2遍，再用振动压路机压实。采用中型或大型推土机终压2遍可以提高风积沙表面压实度。

对于路基顶面，振动压路机无法压实风积沙表面，必须用中型或大型推土机最后补压3～4遍。

流动性沙漠地区土质多系粉质超细砂，大都是粒径为0.06～0.12mm的风积沙，超细砂占60%左右，粉粒含量很少，颗粒表面活性低，松散性强，保水性差，采用振动干压实整体强度较高。

本规范表6.8.9压实度以部颁《公路土工试验规程》重型击实试验法为准。沙基的压实度检测可采用环刀法、核子密度仪检测法或其他方法。采用核子密度仪法时，应先进行标定和对比试验，并根据其类型，按说明书要求办理。采用环刀法时，环刀的中部应处于压实层厚的1/2深度。

每一压实层均应检验压实度，合格后方可填筑其上层，否则查明其原因，采取措施进行补压。检验频率：每$1000m^2$每压实层测2点；不足$1000m^2$时，至少检测两点。压实度检验必须都符合规定，必要时可根据需要增加检验点。

填方地段基底应在填筑前进行压实，当路堤填土高度小于路床厚度（0.8m）时，基底的压实度不应小于90%。

6. 防沙工程

（1）沙漠公路既要注意路基本体的防护，又要注意路基两侧一定范围内的沙质地表的防护。防护的方法有:工程防护、植物防护、综合治理等措施。

利用杂草、芦苇、树枝以及其他材料,在流沙上设置沙障或覆盖,固结沙面等,称为工程防治措施。工程防沙又称物理防沙或机械防沙。用于防沙工程的芦苇材料不宜在路基近处堆放,应距路面边缘 2m 外堆放;为防止积沙,堆放时间不能太长。做到随用随运,准备几个料场堆料。

防沙工程的施工要与公路路面施工同步进行。阻沙和固沙工程应同时施工,路基施工应及时清理路肩。防沙工程应避免在大风天气施工。防沙工程以固、阻、输、导相互结合使用较为适宜。

(2)砂砾或黏土、乳化沥青等覆盖固沙施工适用于产有砂砾或黏土等材料的流沙路段防护,多用于平坦流动沙地和靠近路旁的流沙防护。采用天然砂砾覆盖沙表面,厚度一般为 30 ~ 50mm。控制原则:迎风坡厚,背风坡薄;沙丘上部厚,下部薄,把整个沙丘全面覆盖。具体根据设计图纸定出防护位置,计算材料用量。在覆盖前,应整平沙面,运集料至路边,卸料在路肩或边坡防护位置,人工进行摊铺。采用砾石覆盖时要捡出大粒径砾石,控制粒径在 63mm 以下。

(3)平铺杂草固沙适用于产有草类地段的沙丘防护,利用各种草类,截枝条全面铺压或带状铺草。铺草压沙厚度 50mm 左右。须用草绳或枝条纵横固结,或者用沙压盖,以免为风所毁。

(4)草方格沙障是用麦草、稻草、芦苇材料将草插入沙层内直立于沙丘上,在流沙上扎成方格状的半隐蔽式沙障。固沙芦苇方格要采用已被碾压成扁状且柔性的较新芦苇。

草方格施工,要按设计要求测量放线,达到美观和防沙要求。布设草方格,格状规格一般为 1.0m ×1.0m、2.0m ×2.0m。规划好扎芦苇方格的位置后,将芦苇截成 700mm 长,沿位置线整齐均匀地摆好,材料中心应落在位置线上,再脚踏平头铁铲将其插入设计要求的深度,控制在150mm左右。芦苇外露在200mm左右。方格形成后用脚将芦苇根部踩紧,并用铁铲将方格中心的沙子向外扒一扒,以便使方格内形成浅弧形洼地。每个芦苇方格的干芦苇用量:1.0m×1.0m方格时(算两个长1m的边),设计用量一般在1.0~1.2kg。草方格排列布设形式与主风向成45°角时,防护效果最佳。在风向比较单一的地区,可把格状沙障栽成与主风向垂直的行列式沙障。

(5)阻沙措施是通过工程措施将行进中的风动沙流阻止在距公路较远或有一定距离的地方,防止公路沙害。该措施一般多用于沙源丰富地区的固沙带或阻沙外缘的辅助措施。外侧的阻沙栅栏与内侧的固沙草方格应同时施工,若不能同时施工,应先设栅栏,后设固沙方格。

阻沙栅栏材料以原状芦苇为主,长度在1.5m以上,埋入沙中200mm,外露1300mm。阻沙栅栏均为透风结构,疏透度为20%~30%。栅栏必须沿沙丘主梁或副梁,设置在迎风坡一侧,距脊线外1.5~2m处。栅栏立桩间距一般为2~3m,两桩间地形起伏较大时应加桩,使栅栏下部与地面之间不出现空隙。并在栅栏两侧设低立式芦苇沙障以防根部风蚀。

施工前要测量放线,布设栅栏位置。栅栏位置应在固定草方格外侧,原则上与固沙带之间有10~15m空余带用于停积外侧来沙,可视环境调整,切忌设在落沙坡、落沙坡脚及丘间洼地等位置。沿放样位置线挖200mm深的沟。布设立桩位置,每隔2~3m一个。桩径不小于50mm,长度1.5m。木桩钉入沙中0.5m,外露1m。木桩间先用铁丝连接,铁丝绑在距桩顶下100~200mm处或绑在桩顶处,牵引加固。每个木桩均要在两侧锚固。用铁丝的一头拴住木桩,另一头拴在小木桩或芦苇束上,与栅栏成45°角拉直铁丝埋入沙中300mm。

用芦苇做阻沙栅栏时，每延米芦苇用量2～3kg。沿挖好的坑在地面上均匀摆放好（每根芦苇间要留透风间隙），把摆放好的芦苇立起插入坑内，并在离地面一定高度的水平位置（一般为0.9m）上用前后2束芦苇束将立起的芦苇夹住，并用铁丝绑牢。芦苇束用多根芦苇错开接头连接而成，其接头应均匀分散在长度方向上，不得集中在一个截面上。

回填栅栏沟，并用脚踏实。在风蚀强烈部位的栅栏两侧应扎制1～2道草方格（1m×1m），或一道低立式芦苇沙障加固以防掏蚀。在栅栏底部仍然有掏蚀现象，可在其下部进行加密处理。用高为0.7m的芦苇，每延米用量500～600g，在栅栏底部加密，与高立式栅栏同时栽埋，埋深0.2m，露出0.5m，均匀摆开，以避免栅栏下部被掏蚀后倾倒的现象。

（6）植物固沙是防治沙害、改善环境的根本措施，不仅能减弱风沙流危害，而且其根系能固结周围沙粒，枯枝落叶利于有机质聚集，改变沙土性质，使沙丘趋向稳定。

植物固沙包括种草、灌和乔木，三者配合可形成良好的防沙体系。植物固沙关键条件是水，必须通过自然或人工方法获得。植物管理比较困难，由于生长慢，需要较长时间。

一般在年平均降雨量大于100mm、沙层含水量大于2%～3%的半干旱荒漠地带或地下水较浅及有水源的地方，应采用植物固沙。

6.9 季节性冻土地区路基施工

冻土：温度低于0℃且含有冰晶的土。季节性冻土：冬季冻结春季融化的土层。自地表面至冻结层底面的厚度称冻结深度。路堤填筑高度小于冻土深度的路堤为全冻路堤，反之则为非全冻路堤。

路基冻害除设计原因外，施工的问题也较多，如对路基抗冻设计意图不理解，对冻害的条件不掌握，对出现的冻害问题不研究、不处理等。因此，条文强调施工要遵循设计要求，在开工前应对冰冻条件及路基的抗冻情况进行调查、核对，在施工中发现冻害应及时处理，防止路基受冻害。

(1)路基上、下路床是冻胀最严重的部位。实践证明，条文所列材料及粗粒土填筑的路基多年来很少有冻胀发生。

使用石灰、水泥及粉煤灰等稳定剂改善路基土是解决冻胀的有效方法，但是稳定材料掺量要适当，过多造成浪费，过少达不到改善目的，所以条文规定要通过试验确定。

冻土、非渗水性过湿土，经过处理可以填筑路基。

(2)冻胀土挖方段路基，采用换填砂砾处理，仍然会出现冻害问题。试验研究证明，冻害的主要原因是，换填材料中易冻胀的粉性、黏性颗粒含量过多，换填工艺不合理，换填深度不够，填料的压实度达不到要求，排水设施达不到排水的效果。这些都是导致路基冻胀病害多的原因，因此，条文提出相应要求。

(3)季冻区石质挖方出现冻裂、软弹或下沉，主要是由路床施工不当造成的。对此，条文提出处理要求。

(4)吉林省交通厅组织调查季节性冻土地区沥青混凝土及水泥混凝土路面的非全冻路堤，发现存在冻胀变形、翻浆和纵向裂缝等病害，见表6-4。主要原因是路基填料抗冻性不良，施工违反规定及水的浸入所造成。本条是在原规范的基础上，结合施工经验提出具体做法和要求，施工中应严格遵循。

沥青混凝土及水泥混凝土公路非全冻路堤冻害调查　　表6-4

公路里程位置	填高(m)	路面	主要冻害	主要原因
长平高速 K105 + 500 左	4.0	黑色	行车道鼓胀翻浆	底基层二灰土冻胀 $w = 27\%$
长营高速 K47 + 200 ~ 150 左	10.2	黑色	行车道纵裂 80m	路床风化山砂冻胀 $w = 10\% \sim 15\%$

续上表

公路里程位置	填高(m)	路面	主 要 冻 害	主 要 原 因
营白二级 K129+650左	1.6	白色	纵裂65m	两侧水田、黏土路基冻胀
营白二级 K113+860右	1.85	白色	纵裂200m	两侧水田、黏土路基冻胀
某二级路 K362+875右	8.2	黑色	纵裂、沉陷6×30m	风化砂垫层、黏土路基冻胀 $w=20\% \sim 26\%$
某二级路 K374+302右	4.8	黑色	纵裂宽度大者140mm	基层及黏土路基严重冻胀
某二级路 K375+400右	5.1	黑色	纵裂坑槽160m,基层垫层松散	路基黏土、粉土冻胀严重 $w=23\%$
某高速公路大部分路段	2~4	白色	纵裂达40%	路基均为粉黏土,严重冻胀

6.10 多年冻土地区路基施工

1. 冻土的一般概念

多年冻土:持续三年或三年以上的冻结不融的土层。其表层冬冻、夏融,称季节融化层。多年冻土层顶面距地表的深度,称冻土上限,是多年冻土地区道路设计的重要数据。

季节融冻层:受季节冻结和融化作用的地表层。

季节冻结层:冬季冻结时不与多年冻土衔接的土层。

衔接的多年冻土:多年冻土上限与季节融冻层相衔接的冻土层。

不衔接的多年冻土:多年冻土上限与季节冻土层不相衔接的冻土层。

多年冻土分类:少冰冻土(不融沉);多冰冻土(弱融沉);富

冰冻土(融沉);饱冰冻土(强融);含土冰层(强融沉)。

饱冰冻土:土中所有空隙均被冰充填的冻土。

含土冰层:地质构造中以冰为主含土量较少的地层。

2. 多年冻土的力学性质

冻土一般由矿物颗粒、冰、未冻水、气体四相组成。多年冻土力学性质如下:

(1)荷载强度

①瞬时荷载强度

多年冻土由于冰的胶结作用,瞬时抗压强度比未冻土大许多倍。强度随温度降低而提高,因为温度降低时不仅含冰量增加,而且冰的强度也增加。

②长期荷载强度

多年冻土在长期荷载作用下,抗压强度比瞬时荷载作用下要小很多。多年冻土的强度与冻土的含冰量及温度有关,由于冻土中有冰和未结冻水存在,在长期荷载作用下呈现强烈的流变性。

③冻土融化强度

多年冻土区,冻土融化时能使抗压和抗剪强度明显下降,特别是含水量大的冻土,融化后的内聚力约为冻结时的1/10,土的固有结构被破坏,融化的冻土变成为高压缩性和稀释的土体,这也是多年冻土地区地基融陷的原因。

(2)冻土的压缩性质

多年冻土在短期荷载作用下,压缩性很低,类似岩石,一般不计变形;当在长期荷载作用下,尤其是温度为 -0.1℃ ~0.5℃的塑性冻土,其压缩变形相当大。

融陷变形一部分与压力有关,一部分与压力无关,因此冻土构造及其中腐殖质的含量对融化下沉系数有很大影响。

(3)冻土的流变性

流变是冻土强度的主要特征之一，它包括蠕变和松弛两个方面。

蠕变是指在不变的压力作用下变形随时间而发展，当荷载不超过持久强度界限，冻土呈现衰减型变形，逐渐趋向某一稳定值，一旦荷载超过持久强度，冻土便出现塑-黏性流动，荷载越大，变性速率越甚。

松弛是指固定的条件下，压力随时间而衰弱，当荷载迅速增加，塑性变形来不及发展，冻土的破坏带有脆性特征，此时破坏应力值也大。加荷速度越快，应力值越大，但当荷载略小于持久强度时，则冻土体不会遭到破坏。

(4)冻土的冻胀与沉陷

影响冻胀力的主要因素有：水分、土温、土质、冻结速度、冰冻层厚度等；其中含水量、颗粒成分、温度状况也是影响冻土沉陷的主要因素。

多年冻土中当土质和温度条件一定时，水分是影响冻胀力的主要因素。在水分和土温一定的情况下，冻胀力和颗粒组成有密切关系。试验表明，亚砂土低于 -0.1℃ ~0.2℃，亚黏土、黏土低于 -0.2℃ ~0.3℃，土中开始产生冻胀力，但纯净的粗颗粒土，尽管处在不充分饱水条件下，也几乎不产生冻胀现象，这对实际工程应用有较重要意义。

冻土融化时沉陷，可分为热力沉陷和压实沉陷。由于在多年冻土中的胶结冰融化为水，冻土的物理力学性质就有明显变化，使冻土产生体积收缩和孔隙率减少，导致路基的不均匀沉降。

3. 永久冻土地区路基施工原则

考虑到上述永久性冻土的物理力学性质，永久冻土地区路基施工强调如下原则：

(1)根据多年冻土地区冻土的具体条件，分别采取保持冻结、容许融化或者保护冻层的措施。

(2)路基排水应满足保持路基及周围冻土处于冻结状态的要求。

(3)路基填土高度应达到防止翻浆与不超过路基允许冻胀值所要求的最小填土高度。

(4)严格选用填料。填料中的冻土块应已完全融化,且填料含水量应均匀。碾压时,应严格控制含水量。

各种冻土地段采取保冻原则施工,可防止冻土的抗压强度降低。因为流水温度是大于0℃的,可使冻土融化,故条文规定了排水的具体要求。

严格做好路基的侧向保护、基底处理、填料选择和路基压实,可降低融化下沉系数或冻胀系数。

路基应尽量采用路堤形式,尽可能避免零填或浅挖断面,这是因为不论以何种细粒土填筑路堤,冻土上限均上升,上升值随填高而增加(这主要是地表散热大于吸热,冻结深度大于融化深度所致)。这样路堤的基底能处于常年冻结状态,保证了路堤基底的冻土强度和稳定性。

6.11 涎流冰地段路基施工

原规范把涎流冰作为季节冻土施工中的一条,规定得比较简单,本次规范修订作为一节,规定得较具体明确。

涎流冰可分为山坡涎流冰与河谷涎流冰,主要分布在寒冷地区和高寒山区。河谷涎流冰是沿沟谷漫流的泉水和冰雪融水冻结形成。涎流冰地段,应重点调查各种水源在寒冷季节形成的冰流量和流动范围。涎流冰发育蔓延阶段,可能形成冰坎、冰槽甚至堵塞桥涵,形成地面冰体漫淤路面。融化阶段时能渗浸路基路面,降低强度,导致翻浆;融雪洪流通过受阻时易引起路基水毁。治理的措施可以归结为采用人工调治构造物、明疏、暗排、堵截、封闭、蓄汇等方法。

在一般寒冷和严寒地区，常采用集水渗井、渗池、排水暗管和渗沟等措施防治涎流冰。集水井适用于设在较集中的山坡地下水露头处。渗池适用于汇集较分散的山坡地下水。排水部分在产砂石地区可用渗沟，在不产砂石地区可用暗管。出水口必要时可设置保温和加固措施，保温材料可因地制宜采用树枝、秫秸、炉渣、泥炭、青苔等或土工织物、聚氯乙烯等新型建材，加固措施(如边坡)可用浆砌片石。

施工中还应吸取当地防治经验，有助于采取有效的防治措施，避免涎流冰的危害。

对于距公路一定范围内山坡上的泉水形成的涎流冰，由于泉水常年不断，形成涎流冰的量也就较大，一般用截、导、渗的方法治理。先要确定水的发源地，找出“泉眼”位置，如果是单个泉眼，可做保温盲沟，将水排至路基的下方；如果是多个泉眼，须依地形将所有泉眼的水用截水沟或保温渗沟汇集到一个较大的渗池内，然后用保温盲沟或排水管排到路基的下方。

6.12 雪害地段路基施工

关于雪害地段路基施工，原规范中没有。本节为本次规范修订时新增加的一节，共 9 条。

雪害有积雪和雪崩两种形式。

比较严重的积雪多见于我国东北地区、青藏高原及新疆等地。积雪及风雪流对公路的危害主要是影响行车安全，严重的则会阻断交通。

雪崩多见于新疆及西藏的山区。山上大量的积雪突然沿山坡或山沟崩落下来，就会发生雪崩。大量的雪崩雪不仅能掩埋路基、阻断交通，还能击毁路上的行车和建筑物。因此在雪害地区筑路，须详细调查沿线积雪和雪崩的情况。路线通过雪害地区应尽量避免设置在有严重积雪、又不容易防治的路段；对可能发生雪崩的路段，则应查清雪崩的规模及活动规律，以便确定绕越或防治的方法。

一 雪崩

山坡上的积雪达到一定厚度便可能发生雪崩。在季节性积雪的山区，只有冬、春季才会发生雪崩；在永久积雪的高山地区，全年均可能发生雪崩。我国雪崩比较严重的地区有新疆的天山西部和阿尔泰山区、西藏的东南部及喜马拉雅山南坡，还有四川和云南西北部的横断山脉、祁连山及天山东部等地。

1. 雪崩的分类

(1)按地貌特点分类

①坡面雪崩：雪体顺着整个滑面滑塌，没有固定的运动路线，运动速度不大，冲击力小，崩塌量不大，但阻塞公路的长度大。

②沟槽雪崩：雪崩沿着固定的沟槽运动，运动速度快，冲击力大，崩塌量多，破坏力大，而且堆积在路上的积雪不易清除。

③跳跃雪崩：当雪崩运动路线上有陡岩或急转弯时，雪崩先发生跳跃，再崩落下来。这种雪崩，运动速度大，容易引起气浪，因此破坏力很大。

(2)按集雪区的地貌形态分类

①侵蚀淘：雪崩源头陡窄，每次崩塌量小，破坏力不大，但雪崩频繁，对行车安全影响大，累计崩塌的雪体亦不少。

②剥蚀漏斗：雪崩源头为漏斗盆地，集雪区面积大，崩塌雪量较多，能形成较大规模的雪崩。这种类型的雪崩在中山地带最为常见。

③变形冰斗：雪崩源头为圈椅状的大型盆地，三面环山，一面朝向河谷，后壁陡峻，盆底坡度平缓，一般只有十几度。这是

由古代冰川冰斗地形经流水侵蚀而成的。一般年份不易发生雪崩,但在特大积雪年份冰斗底部积累的大量雪体倾盆而下,崩塌量可达数十万至上百万立方米,运动路程可达数公里,产生很严重的破坏作用。

(3)按雪的物理状态分类

①干雪崩:雪中无水分,雪的容重小,但运动速度快,易于引起气浪,多发生于冬季。

②湿雪崩:雪中有水分,雪的容重大,运动速度较慢,但往往是整个雪层都向下滑动,因此崩塌量较大,多发生于春季。

2.防治雪崩的措施

(1)预防措施

①植树造林

植树造林既可以从根本上阻止山坡积雪的滑动,又可以增加国家的财富,改变气候。在有条件的地方,应尽量采用这种防雪崩措施。植树造林主要用以防治坡面雪崩,在沟槽中,或雪崩源头位于森林带以上时,则不宜采用。由于幼林成长较慢,在造林的初期易受雪崩破坏,因此,造林应与稳雪工程相配合,待幼林成长起来以后,即可代替失效了的工程。树种的选择、林带的配置等均应根据当地气候、土壤等条件确定。

②雪崩的引发

用炮击等人为的方法使雪崩提前发生,将雪崩化整为零,可以避免或减轻雪崩引起的严重阻车及人畜伤亡。对于集雪区位置高、距离长,或者只在大雪年份才发生大规模雪崩的雪崩沟,当工程治理很不经济时,也可采用人工引发的方法。此外,还可用人工炸掉危险的雪檐,以避免雪檐突然断裂而引起的意外灾害。

(2)工程措施

①防止雪崩源头风吹雪的措施

防止雪崩源头风吹雪的工程措施设置于风吹雪较严重的平缓分水岭、背风山口或山坡处，目的是阻截大量风吹雪，避免在集雪区堆雪过厚或在山脊处形成雪檐。主要工程类型有防雪栅栏、土墙、石墙等，设在距集雪盆或山脊路线迎风侧的一定距离(一般7~10m)处，以便发挥最大的阻雪效果。

这类措施一般适用于相对高差不大，能就地取材及运输较方便的中山地带。

②稳定山坡积雪的措施

稳定山坡积雪的工程措施设置在经常产生坡面雪崩的山坡及沟槽雪崩的源头，目的是分段撑托山坡积雪，以改变雪的物理力学性质，稳定山坡积雪，不使其滑动。这类措施主要适用于高差不大、雪崩源头较小的山坡及沟槽，或作为其他类型工程措施的辅助工程。属于这类措施的有稳雪墙、水平台阶、水平沟、地桩障、篱笆障及各种结构的稳雪栅栏，以及防雪网、防雪桥、防雪塔等。一般比较常用的主要有以下几种：

a. 水平台阶

在山坡上按一定距离沿等高线修筑水平台阶，以改变山坡微地形。同时，由于雪的蠕动，增大了水平台阶处雪的密度，相应提高了雪的内聚力，因此就增大了山坡积雪的稳定性。

水平台阶适用于坡度小于45°，土层较厚且透水性好，植被更新快，不易产生滑坡、泥流的山坡上。这是一种比较简单，造价较低的工程。我国天山地区的实践证明，当积雪厚度较小时，水平台阶效果很好，是一种不用三材、经济有效的防雪崩工程措施。

b. 稳雪栅栏

栅栏位置选择与水平台阶相同，最高一排栅栏应尽可能接近雪崩的裂点及雪檐下方。否则雪体一旦起动，就可能破坏下面的所有栅栏。

稳雪栅栏适用于坡度较陡,土层较薄,易于形成滑坡、泥流而不宜开挖水平台阶的山坡。它的作用除稳定山坡积雪外,还可阻挡短距离的雪滑。

栅栏的立柱应采用混凝土桩、轻轨、三角钢等坚固材料,立柱露出地面的高度应大于最大积雪厚度,与山坡之间的夹角以保持在105°左右为宜,基础亦应坚固。立柱应在上方用铁丝拉住或在下方支以斜撑。斜撑与立柱的支点在其高度的三分之二处,斜撑与山坡的夹角以30°~40°为最好。栅栏立柱的间距一般为3~5m。当山坡较宽时,为了节约材料,栅栏可断续设置,其间距不应超过2m,上下之间应错开成格状分布。

c. 缓冲雪崩运动的措施

缓冲雪崩运动的工程措施设置在雪崩的运动路线上,其作用是分割雪崩,使雪块互相碰撞,消耗其动能,减缓雪崩运动速度,减小雪崩抛程,并阻拦部分雪体。这类措施适用于坡度较缓而规模较大的沟槽雪崩,一般多设置于运动区及堆积区的上部。

(a)楔

楔的主要作用是分割运动着的雪崩体,降低雪崩的运动速度。楔多采用三角形,有浆砌、轻轨、木桩、装配式混凝土等型式。

楔的高度应大于最大雪崩锋面的高度,在天山地区一般为4~6m。在宽大的雪崩槽及堆积区的上部应采用楔群,每个楔之间的距离为$4h$(h为楔高),每列楔之间的距离为$6h$,呈梅花形布置。

(b)土丘

土丘设置在宽大的坡度较缓的雪崩槽或堆积锥上,它的作用与楔一样,可以消能减速。此外,由于它的体积较大,也可以起到阻挡部分雪崩雪的作用。

土丘适用于防治变形冰斗及大的剥蚀漏斗沟槽雪崩。这些沟槽由于长期受到雪崩的侵蚀作用,槽谷纵剖面比较和缓,谷底较宽,槽谷下部及堆积锥上有很厚的雪崩堆积的碎石土层,后者是修建土丘的主要材料。我国天山地区曾广泛应用土丘来防治较大的雪崩,效果十分显著。土丘的修建比较简单,不用三材,造价低,效果好,应尽量采用;只有在坡度较陡,土层较薄及易于产生滑坡、泥流的沟中才改用楔。

土丘的高度应大于雪崩的最大锋面高度,一般为最大积雪厚度的2~4倍。

(3)导雪措施

导雪设施设在雪崩沟槽的一侧,目的是将雪崩导至预定的堆积场所,不使雪体到达公路,主要有导雪堤及破雪堤两种。

导雪设施适用于防治坡度较陡的大沟槽雪崩。

①导雪堤

当公路由雪崩堆积锥的下方通过,公路上方有适当的堆雪场所时,可采用导雪堤。导雪堤自沟槽一侧伸至沟的中央与雪崩流向成锐角相交,交角不应大于30°。导雪堤内侧应陡直平滑,外侧边坡按导雪堤的构造及土石的稳定角而定。导雪堤的高度应大于雪崩最大锋面高度,长度取决于沟槽的宽度。当沟槽较长时,可自上而下设几道导雪堤。在天山地区曾做过实验性的导雪堤,效果很好,但造价比土丘高。

导雪堤有土堤、浆砌石堤、铅丝笼石堤等结构形式,可根据当地沟槽坡度及施工条件选择使用。当沟槽中堆积物较厚,植物恢复较快,坡度在35°以下时,应尽量采用土堤。修建土堤时,应自堤的内侧取土。

②破雪堤

破雪堤设置于沟槽中央或堆积扇中央,实际上是由两个相交的导雪堤组成,其作用介于两导雪堤与楔(或土丘)之间,经常作为防护永久性建筑物(如高压电线杆等)及防雪走廊的辅助工程。

(4)遮蔽建筑物

遮蔽建筑物可以使雪崩从公路顶上通过。属于这一类工程措施的有防雪檐、防雪走廊及隧洞等,是防治雪崩最有效的措施,但造价较高。当公路要求较高,雪崩频繁,沟槽很大、很陡,采用其他措施均较困难时,则可采用这类措施。

①防雪走廊及防雪檐

防雪走廊及防雪檐可用钢筋混凝土或浆砌块石等材料筑成,作为临时性的工程,也可采用木料筑成。为了减少雪崩对顶盖的直接冲击,顶部可以铺垫碎石。在上方的沟槽中修建导雪堤或破雪堤,可以减少走廊的长度,并保护走廊的进出口。

当走廊内侧未与山坡紧接时,其空间应回填土石,并注意排水。防雪檐外侧可用浆砌石墙或木柱作支撑。

防雪走廊及防雪檐的顶盖倾角应尽量与山坡坡度一致,两者之间的夹角愈小愈好,一般不宜超过15°。

②隧洞

隧洞可以完全避免雪崩的危害,但造价较高,并应注意采用必要的辅助措施,以防止洞口受到雪崩危害。

(5)清雪

在雪崩危害较轻的地区,可不必采取工程措施,而采用机械除雪的方法。对于公路上堆雪不足3m的轻微雪崩危害地段,可以完全依靠机械或人工除雪。有些防雪措施,如土丘、楔、水平台阶、栅栏等,不能完全避免少量雪崩雪冲上公路,还要配置一定的除雪机械。此外,在冬季降雪量较大的山区,也须配备机械,用以清除路面上的自然积雪。

二 风吹雪

在风力较弱或无风的情况下,雪在道路上形成均匀的雪层。这种积雪一般对道路不致造成严重的病害;但当降雪量较大,积雪深度超过 30cm 时，一般载重汽车通行就非常困难；此外，积雪在路上被压成冰，使行车溜滑，也容易发生交通事故。

当风速大于雪粒的起动风速（一般为 4 ~ 5m/s）时，即能吹起积雪，并带雪粒随风急速流动，形成风雪流。风雪流在运动过程中，遇到地形或地物的障碍，就会使雪粒堆积下来。由风雪流形成积雪的全过程称为风吹雪。呈高速度运动的风雪流叫暴风雪。暴风雪使路上的能见度变坏，通行条件恶化，很容易发生行车失稳、冻坏人畜甚至阻断交通等现象。

1. 风吹雪的形成条件与堆积类型

（1）形成条件

形成风吹雪要有三个条件：一是丰富的雪源（降雪、积雪）；二是一定能量的风力；三是能使风速减弱或发生涡旋的地形或地物。

（2）堆积类型

风吹雪一般有下述三种类型，也有这三种类型的不同组合。

①背风积雪

风从山坡上吹下来，公路处在背风一侧，风雪流通过路基边坡时，产生涡旋，就会使雪粒沉积，在边坡上部形成雪檐或雪包。

②迎风积雪

风从坡下吹上来，风雪流遇到边坡后产生涡旋，使雪粒沉积下来。这种类型的积雪经常是先从迎风一侧的路肩开始逐渐再向路基全宽延伸。

③水平绕流积雪

当公路绕山丘转弯时，风雪流沿着公路产生水平涡旋，因风力减弱易使雪粒堆积，弯道半径越小和弯道内边坡越靠近路面时，积雪越严重。

风吹雪的堆积与冬季主导风向，即比较稳定的单一风向或两种交替的风向，有着最直接的关系。风吹雪总是沿着主导风向在固定的路段上堆积。每年由于风力与降雪的大小,其积雪虽有轻重程度的不同,但形成风吹雪的路段及其堆积类型,则基本上是不变的。

2. 风吹雪与地形的关系

(1)开阔平坦地区:由于风雪流很少受地形的影响,风速变化不大,一般不致形成风吹雪的堆积,但如路线设计或养护不当,也会造成严重积雪。

(2)山地及丘陵地区:路线经过下列几种地形时,积雪都比较严重。

①路线位于山脊背风侧。

②上风侧是开阔平缓的坡地或台地,路线紧靠背风坡下。如果下风侧还有突出的障碍物使风速进一步减弱,则积雪更为严重。

③位于坡面整齐的迎风坡中、上部的路线。

④位于背风坡或迎风坡的坡脚,地形有明显凹坡的路线。

⑤当路线与风向的交角较小,在路基上风侧或下风侧有导致积雪的凸出山嘴或土坎时,积雪在路基上会延续很长的距离。

⑥在圆心位于山内侧的弯道上,当风向与路线大致平行时,在弯道后半部,由于水平绕流和背风影响,积雪较严重;当路线绕过小山嘴或低而平缓的山坡时,积雪则更严重。

⑦在圆心位于山外侧的弯道上,特别是当公路绕进较深的山凹时,沿路吹移的风雪流被前方山坡所阻,会形成严重的迎风积雪。

⑧沟谷地区:在比较狭窄陡峻的沟谷中,除风向与沟谷方向一致者外,一般风力均较弱,风吹雪影响不大,但应注意雪崩危害。

3. 风吹雪与地物的关系

(1)路线通过森林地区,一般不会发生风吹雪现象。

(2)路线上风面建筑物稠密时,由于建筑物的阻挡,路基上一般不会发生风吹雪现象。

(3)路基两侧的灌木丛、草墩、小土丘、乱石堆等,都能使风雪流减速,形成路基积雪。

4. 风吹雪与路基横断面型式的关系

(1)路堤

当路线与风向平行时,路堤上一般是不积雪的。

当路堤与风向斜交或正交时,路堤上堆雪与否,取决于路堤的高度及路堤边坡坡度。

①沿风向的路堤边坡缓于1:4时,风雪流可以不减速地越过路堤,不产生积雪。

②对于高度大于1.0~1.2m的路堤(不考虑积雪深度),由于风雪流受路堤阻挡而被压缩,并以高速通过路堤。因此,在一般情况下,可以不积雪。

③高度小于1.0m的路堤,由于路堤对风雪流的增速作用小,同时易受路侧微地形或地物的影响,所以容易发生积雪现象。

(2)路堑

①当风向与路线正交或斜交时,在路堑内一般都会形成积雪。

②在较深的路堑中,容易形成较强的旋风,可以减轻积雪现象。

③深度较小的浅路堑,如采用敞开式断面,则可以防止积雪。

5. 风吹雪防止措施

防止积雪的措施一般均应综合运用,并须与机械或人工除雪相结合,不宜单一使用。此外,有些简易措施,例如采用防雪杖(用树枝或玉米秸等编成)或利用不收割的高粱秸、玉米秸、向日葵秆防止积雪等,都能收到一定效果。

(1)改善路基平面及纵、横断面或改善路基附近地形

这是一项治本的防雪措施,但要注意工程量和可能产生的其他病害等问题。

①提高路基,放缓边坡,使之满足路基最小高度的要求。在平坦开阔地区,这是防止积雪的有效措施;在山岭或丘陵地区,只要条件许可,也应尽量采用。

②设置储雪场。

a. 在背风山坡上的路基,挖掉部分上风侧山坡,使吹来的雪积在此处,不致堆到路上。但挖去的土石方数量应等于该地区中等年份的积雪量,并另加一定的保证宽度。

b. 在迎风山坡上的路基,如越过路面的风雪流没有堆积场地时,也可以考虑在下风侧开挖储雪场,使雪堆积起来,不致延伸到路上。

③整修内侧山坡,敞开路基。

a. 在背风坡上的路基,采用敞开式断面,可以使风雪流顺利越过路基。

b. 坡度超过11°的迎风山坡上的路基,风雪流常在路上形成垂直涡流,产生积雪。对于这种积雪,可采用敞开式断面,以防止路基积雪。

c. 顺路方向的风雪流,在公路急弯处,由于水平绕流而造成雪害,这时可挖去弯道内侧山坡的部分土方,加宽边沟,并利用废方在外侧加宽路基,以加大储雪场地。

④在路线的上风侧或下风侧有导致路基积雪的凸出山嘴或土坎时,则须进行整修或挖除,以改善通风条件,使风雪流顺利通过。

以上四项措施是互相关联的,均应在设计时综合考虑。如

外移或抬高山坡上的路线，可以起到储雪场和敞开路基的作用，同时也有利于土石方工程数量的平衡等。

(2)栽植防雪林

防雪林的类型和树种的选择及其布置，应根据当地积雪程度、土壤、气候条件及植物生长情况等自然因素决定。

林带到路基边缘的距离与当地的风力、积雪量及树木的高度和密度有关。防雪林带的防雪区域宽度，大致等于防雪林高度的5～10倍，因此防雪区域宽度可定为5～10倍防雪林的设计高度，但不小于10m。

(3)防雪设备

防雪设备有防雪栅、防雪堤(墙)和导风板三种。因其设备费用较高，须按就地取材、因地制宜的原则，力求经济适用，并只宜在积雪较严重而又无其他方法处理的重点地段采用。

①防雪栅

当风雪流通过防雪栅时，由于气流的通过断面减小，风雪流则以较高的速度通过防雪栅，在栅的前面出现局部减速区，并堆积少量积雪；大部分的雪，则穿过防雪栅，堆积在栅后的减速区中。

防雪栅附近的积雪形式和特点，主要取决于栅栏的高度和空格孔隙。一般以孔隙度为66%的防雪栅阻雪量最大，但从风的减弱效应来说，孔隙度为50%的栅栏最优，阻雪效果也良好，而且制作方便；孔隙度为30%的栅栏阻雪量不及上述两种，但形成的雪堤堤坡较陡，且长度较短。

孔隙度为66%或50%的栅栏，适用于风吹雪较强、储雪场地较大的路段；孔隙度为20%～30%的栅栏适用于风吹雪较弱、储雪场地较小的路段。

a. 固定式防雪栅

固定式防雪栅宜设在风雪流较小、持续时间久、风向变化不大的路段上。固定式防雪栅可用横、竖板条做成。

防雪栅的有效高度及到路基边缘的距离，与风力和雪量的大小有关。防雪栅的有效高度一般采用. 1.5～3.0m，最低不矮于1.0m。栅栏离开路基边缘的距离可参考栅栏的下风面雪堤的长度来确定，并酌加5～10m的安全距离。

在孔隙度为20%～70%的情况下，防雪栅下风面的雪堤长度L可按经验公式计算：

$$L = (10 \sim 12)H \tag{6-9}$$

式中：H——栅栏高度。

b. 移动式防雪栅

移动式防雪栅宜设在风雪频繁、风向多变的路段上。分段设置，各段间的距离可根据具体情况确定。高度通常可用1～2m。

根据实际使用情况，当栅栏背风侧的积雪高度达栅栏离度的2/3时，可将栅栏取下，改设在向着道路方向（或田野方向）的雪堆顶部。改设后当积雪高度达到栅栏高度的3/4时，再将栅栏取下按上述方法重新改设。栅栏移动次数，须根据雪量和雪的堆积情况而定。移动式防雪栅栏的初设距离，视栅栏孔隙度和将来向哪个方向移动而定，一般可采用20～50m。

移动式防雪栅遇强风时容易失效，如不及时移动，则会被积雪掩埋。移动栅栏需要大量人工，因此在使用上受到一定的限制。

防雪栅应布设在积雪路段的迎风一侧，在风力强、雪量大，且地形较开阔时，间距视具体情况确定。

可以设置双排栅栏，其防雪效果更佳。无论是固定式还是移动式双排防雪栅栏，在春融季节都应拆除堆放，经检修后，予以妥善保管，以便下一年冬季使用。

②防雪堤（墙）

a. 防雪堤(墙)的阻雪作用

当风雪流遇到防雪堤(墙)时,在墙前、墙后都会产生涡流,形成减速区。

在这种情况下,风雪流首先在墙前的减速区形成积雪,当积雪高度等于墙高时,风雪流即越过防雪堤(墙),将全部雪体下落到墙后的减速区中,一直堆积到墙后的积雪也与墙的高度相同为止。

b. 适用条件

在积雪量较少或气候、土壤条件不宜植林及缺乏木材的情况下,可采用防雪堤(墙)。

c. 结构形式

修筑防雪堤(墙)应贯彻就地取材的原则,防雪堤可用土、石或雪筑成。用土筑成的防雪堤(墙)施工简单,比较经济。用雪块修筑防雪堤(墙)则更经济,效果也好,但每年都得重修,比较费工。

d. 堤(墙)的布设

堤(墙)的高度和离开路基边缘的距离,可根据风力和雪量结合当地具体情况确定。堤(墙)的高度一般可采用 1.0 ~ 1.5m,并不低于 1.0m。堤(墙)离开路基边缘的距离,一般采用 20 ~ 30m,最小不应小于 10m;距离可以设得远一些,但最远也不宜超过 40m。在雪量较大时,也可设置多道防雪堤(墙),堤(墙)的间距可视具体情况而定。

③导风设备

导风设备是防止路基积雪的一种有效措施,需用大量的木材或钢材,因而,导风设备只适用于高等级公路及有特殊要求的公路。

a. 导风板的构造和作用

(a)导风板是采用木板条拼装成的板式结构。导风板的立柱可用木材、混凝土做成。

(b)导风板可借助于风的动力作用改变风雪流的特性。当风雪流沿导风板下口风道通过时，由于风道断面减小，风速增大，即可将雪从路基上吹走。按这种原理设计的导风板称为下导风板。当路线与主导风向的交角小于30°或迎风山坡坡度大于45°时，一般不宜采用下导风板，这时，可采用侧导风板。侧导风板能改变风雪流的方向，并使雪堆积在路基上风面的一定范围内。

b. 下导风板

下导风板的形式有前倾式、后倾式和直立式三种。

(a)前倾式下导风板：导风板的迎风面与水平面的夹角(倾角)如小于90°，称为前倾式下导风板。其适用于背风山坡或山脚下的路基。

(b)后倾式下导风板：导风板的迎风面与水平面的夹角大于90°，称为后倾式下导风板。其适用于迎风山坡或山脚下的路基。

(c)直立式下导风板：导风板的迎风面和水平面垂直，称为直立式下导风板。其适用于迎风山坡地段路基。

下导风板的平面布置，应根据路基附近的地形情况和路基断面形式而定。下导风板最好布置在路基上风侧的路肩附近。为了节约材料，下导风板每隔40~60m，可空出8m。

c. 侧导风板

在不宜采用下导风板的路段，可根据地形在路基上风向的一定距离处设置一排侧导风板。侧导风板的布置有一字形和羽毛形两种形式。

羽毛形的布置又可分为封闭式和开放式两种。

侧导风板一般均采用直立式的。

侧导风板的排尾离路基的距离一般不小于15m，以防侧导风板尾部的积雪延伸到路基上。

下导风板的板面长度、下口高度及吹刮宽度按设计要求确定。

三 雪害地区施工注意事项

(1)生物防治是根治雪害普遍适用的措施,应优先考虑采用。工程治理应注意保护生态环境,防止水土流失,为生物防治创造条件,最终实现生物防治。

(2)道路雪害防治措施的选择,必须坚持因地制宜、就地取材、经济有效、结合国情的原则。

(3)雪害地区施工范围内的地质、水文、料场比较复杂,在前期设计阶段,没有全面的开展和施工,设计人员不可能较全面正确地掌握各种相关资料。施工人员应对施工范围内的地质、水文、料场等进行核查,通过取样、试验确定其性质和范围,提出合理的防治方案。

(4)在雪害地区,路基破坏主要是由于春季融雪水的渗透作用,每年一到开春时,融雪水形成大量的地表径流。一定要考虑这一特点,搞好路基排水系统。

(5)雪害地区路基及构造物的破坏,主要问题是春季融雪水的毛细作用和材料冬季冻融变化引起的破坏,应采用水稳性和抗冻融性较好的材料,对填料的性能指标及其均匀性应加强施工控制检测,保证雪害地区路基及防雪工程的稳定性。

(6)雪害地区在施工过程中,应注意各种临时构造物的设置,材料、弃方的堆放,以免使路基的纵、横向排水不顺畅,路基渗水加冻融变化会破坏其稳定性。

(7)地表植被的随意破坏,影响环境,引起水土流失;多余的材料随地丢弃,会引起施工中额外的雪害。

(8)在雪害地区中,任何坡面都会受到春融雪水、温度变化、交替作用破坏。施工时,一定要保证坡面材料的水稳性和冻胀性。

四 雪崩地段路基施工

(1)在雪崩地段,由于工程主要在海拔2000～3000m、较为陡峭的山坡或沟槽当中进行,地形及天气情况复杂,所以施工危险较大,应在保护当地生态环境的基础上,科学地组织施工。

(2)因为工程施工过程中进行爆破以及大面积开挖,有可能造成山体地质地貌的变化,如山坡坡度的改变、山体塌方、碎石跌落等状况,应设立专门的观测仪器和人员注意观察,及时警示避免意外。

有一定的积雪和一定坡度的山坡,才有可能发生雪崩。在雪崩区,年降水量很大,丰富的降水形成强烈的流水侵蚀,形成局域复杂的山区气候。在这种状况下,对降雨、降雪或开挖造成大量地下水涌出造成的山体变化也应及时观察作出预防。

一般的防治雪崩工程都在公路以外的山坡、山沟中,山坡上施工机械运转振动造成的坍塌、碎落,会造成工程破坏和人员伤亡。

(3)在同一个雪崩区,由于防雪工程在山坡施工中的坍塌、碎落,会影响其下方坡面工程施工安全、构造物的稳定性。

(4)地面横坡小于45°、土层较厚且透水性较好、不易产生滑坡或泥流的山坡上,为防止小型雪崩,应沿等高线开挖水平台阶。开挖台阶的弃土可堆填在台阶的下方,以加宽台阶。

(5)稳雪栅栏,可沿等高线设置。由于积雪的蠕动和沉陷都会对栅栏产生向下滑动的推力,所以,栅栏基础是其稳定的关键。

(6)改善生态环境是雪害防治的目的。因地制宜综合治理雪害的措施,是采取工程治理与生物治理相结合的办法,最终用生物治理取代工程治理根治雪害,使雪害地段的生态环境逐步走向良性循环的有效措施。一般选定当地树种,它们对雪崩具有较好的阻挡、防护能力和适应性。

(7)防雪走廊基础应放置于可靠的(坚实的)地基上,应特别注意防止风吹雪进入走廊内。为防止走廊挡墙春季融雪水的渗透破坏,应做好其构造物的排水及抗冻融工作,墙后填土应与山坡相顺接,以便减少雪崩运动时对防雪走廊的直接冲击力。

五 风吹雪地段路基施工

(1)风吹雪灾害成因主要是风速减弱,雪粒沉积堆埋公路,因此风吹雪和地形地物以及路基形式有很大关系,路基两侧距边坡坡脚各30~50m范围内的弃方及障碍物会引起路基上积雪,应清除、整理平顺,以保证风雪流顺利通过。

(2)风雪流堆积发生在地形曲率突然变化的地方,因此,施工过程中就应时时考虑如何防止因施工引起风吹雪沉积在路基上。根据最大风速35m/s计算,风雪流的发育长度约42m,则取土坑宜设在路堤下风侧距路堤边坡坡脚至少50m处,施工完成后应将其边坡修成缓坡,使其平行于主风向的断面平顺通畅。

(3)风吹雪路段,尽量做到路基"多填少挖",路基边坡"缓比陡好",路堑的挖方边坡一定要做成缓坡。春季融雪的地表径流、毛细作用破坏和材料冬季冻融变化会引起破坏,因此应采用水稳性和抗冻融性较好的材料。超挖回填部分也应选用水稳性和抗冻融性好的材料回填,压实度应大于95%,禁止使用劣质开山料或覆盖土回填,超挖部分不规则或超过80mm时,可用混凝土修补找平。路堑边坡、积雪平台内易积水,按路基坡脚向外2%的坡度整理平顺,以利于路基横向排水。积雪平台应采用级配碎石或水泥稳定碎石、二灰稳定碎石等半刚性材料整平碾压,这样可以保证积雪平台的稳定性。

6.15 泥石流地区路基施工

关于泥石流地区路基施工,原规范中没有。本节是本次规范修订新增加的一节,共 6 条。

泥石流的形成受到该地区一系列的自然环境条件以及人类工程活动的影响,其形成的基本条件包括:充沛的各类水源,丰富、松散的固体物质,有利的流域形态和沟床纵坡。

1. 泥石流的分类

泥石流按发生的激发因素一般分为以下几类:

(1)雨洪泥石流:由于降雨径流所激发而形成的泥石流。这类泥石流具有爆发频率高、危害性大的特点。

(2)冰川泥石流:是以冰湖溃决水、冰川及冰雪融水为水动力条件而形成的。由于冰雪水的汇流方式不同,可以形成多种类型。

(3)冰川-雨洪泥石流:是以冰川冰雪融水与降雨作为水动力条件。这类泥石流的水动力来自中低山区的暴雨径流和高山区的冰雪消融洪水的混合补给,灾害规模随着流域面积的增大而加大。

2. 泥石流的防治

泥石流的防治工程通常用于泥石流规模较大、爆发不很频繁、松散固体物质和水动力条件相对集中的地区。针对不同类型的泥石流,其防治工程的主体也不同,相应工程措施的方案也应有所侧重,一般分为以下三类:

(1)治水为主的方案:利用蓄水、引水和截水等工程措施控制地表洪水径流,削减水动力条件,使水土分离。

(2)治土为主的方案:利用拦挡、支护工程,拦蓄泥石流固体物质，稳定沟岸，防止崩塌或滑坡以提供形成泥石流的固体源。

(3)排导为主的方案：利用排洪道、渡槽等排泄建筑物将泥石流排走，或修建导流堤、分流堤、护岸、丁坝等调治建筑物，使泥石流沿一定方向和路线通过。

6.17 采空区路基施工

关于采空区路基施工，原规范中没有。本节是本次规范修订新增加的一节，共5条。

采空区：地下固体矿床开采后的空间及其围岩失稳而产生位移、开裂、破碎垮落，直到上层岩层整体下沉、弯曲所引起的地表变形和破坏的地区或范围，统称采空区。

公路采空区(空洞)：公路经过的各类矿床采空区(或地下岩溶、土洞、地下工程等)。

采空区路基施工，应做好地质、水文调查工作。一般大型矿区均做过勘探工作，有大量资料可供使用。有关的基础资料，如各种地质图、开采时间、水文观测以及顶板管理办法等资料应尽量搜集齐全。小窑开采以前，一般很少进行地质勘探工作，收集资料主要向有关单位调查访问，必要时进行工程地质调绘、物探和钻探工作。

如果发现路基基底采空区有地下水渗出，采取堵塞水流的方法是徒劳无效的，只能采取将水排走远离路基，必须做到采空区内流出或渗出的水不能影响路基的稳定，也不能使路基受到水的浸润和浸泡，以免使路基变软，强度下降。因此最有效的办法就是把流出的水用暗沟(或渗沟)排除路基，保证路基在最小填筑高度范围内不受水的影响，当最小填土高度达不到时，或修建暗沟、渗沟时，设置隔离层。

公路采空区(空洞)治理方法主要有注浆法和非注浆法。

其中,非注浆法主要有干砌方法、浆砌法、开挖回填方法和桥跨方法。

1. 注浆方法及其适用范围

(1)注浆方法系指用人工的方法向地基土颗粒的空隙、土层界面或岩层的空隙(溶洞、溶隙、裂隙、空隙)或采空区的垮落带和裂隙带里注入具有充填、胶结性能的浆液材料,以便硬化后增加其强度或降低渗透性的注浆施工过程。

(2)适用范围:

①提高地基承载力的注浆;

②帷幕注浆;

③防止地表下沉的注浆;

④防止滑坡的注浆;

⑤封堵井下突水口或垂向导水通道的注浆;

⑥加固、加厚底板隔水层的注浆等。

2. 非注浆方法及其适用范围

(1)干砌方法是在采矿后形成的空洞内,用灰岩或砂岩等片石人工回填砌筑,砌体与洞顶板紧密接触,使堆砌物起到支撑顶板作用,从而保证采空区上方覆岩的稳定性。该方法主要适用矿层开采后未完全塌落、空间较大的采空区,且应具备采空区(空洞)内通风良好、易于人工作业、材料运输等施工条件。该法主要用于治理公路路基部位的采空区。

(2)浆砌方法同样是在采矿形成的空间内,用灰岩或砂岩等片石或料石人工回填,砂浆砌筑,至堆砌到洞顶。堆砌物具有整体性和足够的强度,并与采空区顶板紧密、充分地接触,使堆体起到支撑顶板、防止上覆岩层塌落、减少下沉幅度的作用。浆砌方法的适用条件与干砌方法的适用条件基本上相同,其不同之处在于要求堆砌物具有较高的整体强度。该方法主要用于治理公路地基较重要部位的采空塌陷区，如桥台、涵洞等地段，以保证桥台、涵洞等地段的长久安全、稳定。

(3)开挖回填方法是对路基下浅层或挖方地段路基边坡上的采空区先进行开挖，然后采用干浆或浆砌方式回填。该方法可用于治理公路地基浅层、高边坡地段等，以保证路基、边坡地段的稳定。

(4)桥跨方法是以桥的形式跨越采空区不稳定的路段，桥的墩台应在稳定的岩体中。该方法主要适用于煤层开采规模较小、开采深度几米至几十米的采空区。

上述施工方法分别适用于不同的采空区工程地质条件及公路工程的要求。但是，有时在一个采空区(空洞)内，各个地段的顶板岩石性质、埋藏深度、冒落及其对采空区充填程度不同，有的顶板未冒落，采空区未被充填，有的半充填，有的全部被充填。这样，采空区的不同部位就具有两种或两种以上不同的施工条件，因此，对于不同地段(或条件)就需要采用不同的施工方法。也就是说，同一个采空区，由于其各地段的地质、采矿及工程地质条件的差异，可能采用两种或两种以上的施工方法。

6.18　沿河、沿溪地区路基施工

沿河、沿溪地区路基施工也是本次规范修订新增的一节，共5条。

沿河、沿溪地区发生的病害主要是水毁破坏，而水毁的主要表现形式就是路基侧蚀坍塌。由于河溪中洪水对公路侧坡脚的冲刷、淘蚀而导致路基坍塌，主要原因是沿河沿溪段公路边坡未设置防护工程或防护工程设置不当。因此沿河、沿溪路段边坡防护工程的设计施工都是非常重要的。

8 路基防护与支挡

交通部在20世纪90年代中期曾经组织二勘院、重庆公路所、公路一局编写公路支挡设计与施工技术规范，曾完成初稿，但最终未出版发行。本次规范修订增加了这部分内容，共有7节55条。

8.1 一般规定

通过现场考察和调研资料发现，路基防护出现的问题当中，较多问题的原因有两方面：一是防护构造物没有置于稳定的基础和坡体上；另一方面是对水的破坏作用防范不利。因此规范针对这些问题制定了条文。故应对防护基础及水的作用高度重视，防护必须置于稳定的基础和坡体上，防排水系统必须处治好，减少病害和经济损失。

施工过程中，由于某些土质、软质岩石及不良地层易受雨雪浸泡和冻融等影响，造成路基软化、边坡塌陷或大面积滑坡，要花较多的时间和较大的投入进行整治，所以条文规定施工中应采取有效的防护与加固措施，确保防护、支挡工程的质量。

8.2 坡面防护

坡面防护包括植物防护、骨架植物防护、圬工防护和封面捶面防护等方法。

1. 植物防护

(1)植物防护一般采用种草、铺草皮和植灌木等。种草防护可以防止表面水土流失，固结表面，增强路基的稳定性，并可允许缓慢流水(0.4~0.6m/s)的短时冲刷。经常浸水或长期浸水的路基边坡，草不易生长，不宜采用此种防护。种草防护的要点是优选草种，通常应选用适合当地土质和气候条件的易成活、根系发育、茎干低矮、枝叶茂盛、生长能力强的多年生草种。

铺草皮防护适用于坡面缓于1:1、各种土质边坡及严重风化的软质岩石边坡。铺草皮一般应在春季或秋季进行，气候干旱地区则应在雨季进行。草皮宜选用带状或块状，其规格大小视施工情况而定，草皮厚度宜为100mm，铺设时，应由脚下向上铺钉，且用尖木桩固于边坡上。草皮应铺过路堑顶部至少1m，或铺至截水沟。

对经常浸水、盐渍土、粉质土及经常干涸的边坡不宜采用灌木防护。

(2)三维植被网防护

土工织物防护种类很多，本规范未一一规定。三维植被网防护是土工织物复合植被防护坡面的一种典型形式。三维植被网以热塑料树脂为原料，采用科学配方及工艺制成。其结构分为上、下两层，下层为一个经双面拉伸的高模量基础层，强度足以防止植被网变形；上层由具有一定弹性的、规则的、凹凸不平的网包组成。由于网包的作用，能降低雨滴的冲蚀能量，并通过网包阻挡坡面雨水，同时网包能很好地固定充填物(土、营养土、草籽)不被雨水冲走，为植被生长创造良好条件。另外，三维网固定于坡面上，直接对坡面起固筋作用。当植物生长茂盛后，根系与三维网盘错、连接、纠缠在一起，坡面与土相接，形成一个坚固的绿色保护整体，起到复合护坡的作用。

(3)湿法喷播

湿法喷播适用于坡率缓于1:0.5的土质边坡、土夹石边坡、严重风化岩石边坡，不适用于硬质岩石边坡。

湿法喷播是由欧美引进的一种机械化植被种植技术，即将植物种籽、肥料、土壤稳定剂和水按一定比例混合均匀，用专门的设备(喷播机)喷射到边坡上,种子在一定的时间内萌芽、生长成株、覆盖坡面,达到迅速绿化、稳固边坡之目的。

用这种方法在人力不可及的陡峭高边坡和含石的边坡上种植植被非常优越。播种的时间一般在气候温和、湿度较大的春、秋为宜,不宜在干燥的风季和暴雨季节播种。播种前应在路堤的路肩和路堑顶边缘,埋入与坡面齐平的宽200~300mm、厚50~60mm的带状草皮。播种后适时进行补种、洒水、施肥、清除杂草等养护管理,直至植物成长覆盖坡面。

(4)客土喷播

客土喷播是以日本为典型代表的一种喷播种植技术。该技术是将客土(提供植物生育的基盘材料)、纤维(基盘辅助材料)、侵蚀防止剂、缓效肥料和种子按一定比例,加入专用设备中充分混合后,用喷射机均匀喷涂到坡面上,使植物获得必要的生长基础,达到快速绿化的目的。

客土喷播主要用于岩石边坡、贫瘠土质和硬土边坡,其主要目的是保护边坡的稳定、安全,同时又能最大程度地恢复自然生态。客土喷播技术,一般先打锚杆,挂镀锌钢筋网,然后再播客土。喷播植草混合料的配合比应根据边坡坡度、地质情况和当地气候条件确定。播种前应施一定基肥,草坪生长期应施以追肥,且适时浇水养护,浇水应使用不含油、酸、碱、盐或任何有害于苗木生长的物质的水。

2. 骨架植物防护

浆砌片石或水泥混凝土骨架植草防护适用于土质和强风化岩石边坡,防止边坡受雨水侵蚀,避免土质坡面上产生沟槽。其结构形式主要有方格形、人字形、拱形及多边形混凝土空心块等。常用的骨架防护边坡是在骨架内铺草皮或用三合土、四合土捶面,或栽砌卵石进行防护。浆砌片石(混凝土块)骨架植草防护既稳定路基边坡,又能节省材料,造价较低、施工方便、造型美观，能与周围环境自然融合，是目前高速公路边坡防护的主要形式之一，以被广泛推广应用。

3. 圬工防护

圬工防护包括喷护、锚杆挂网喷护、干砌片石、浆砌片（卵）石护坡和护面墙等结构形式。圬工防护用于路堑边坡防护时，应注意与边坡渗沟或排水孔配合使用，防止边坡产生变形破坏。圬工防护施工时应注意与周围环境的协调。

（1）喷浆（混凝土）防护适用于边坡易风化、裂隙和节理发育、坡面不平整的岩石路堑边坡，且边坡较干燥，无流水侵入。对于高而陡的边坡，当需大面积防护时，采取此类型更为经济。

喷浆防护边坡常用机械喷护法施工，将配制好的砂浆（混凝土）使用喷射机（或水泥枪）喷射于坡面上。由于喷射产生一定的压力，提高了保护层与坡面间的黏聚力及保护层的强度。喷射混凝土厚度不宜小于 80mm，应根据厚度分 2 ~ 3 层喷射。喷浆厚度不宜小于 50mm。施工作业前应通过试喷，选择合适的水灰比，以保证喷射坡面的质量。喷浆水灰比过小时，灰体表面颜色灰暗，出现干裂，回弹量大，粉尘飞扬；水灰比过大时，灰体表面起皱、拉毛、滑动，甚至流淌；水灰比合适时，灰体成黏糊状，表面光滑平整，回弹量小。喷浆施工严禁在结冰季节或大雨中进行作业。

（2）当坡面岩体风化破碎严重时，为了加强防护的稳定性，则采用锚杆挂网喷浆（混凝土）防护。锚杆锚固深度及铁丝网孔密度视边坡岩石性质及风化程度而定。锚杆宜用 1:3 水泥砂浆固定。铁丝网应与锚杆连接牢固。

（3）干砌片石护坡适用于坡度缓于 1:1.25 的土质路堑边坡或边坡易受地表水冲刷以及有少量地下水渗出的地段。

（4）浆砌片（卵）石护坡适用于坡度缓于 1:1 的易风化的岩石边坡，以及坡面防护采用干砌片石不适宜或效果不好的边坡。

对于严重潮湿或严重冻害的土质边坡，在未采取排水措施以前，则不宜采用浆砌片石护坡。在冻胀变形较大的土质边坡上，浆砌片石护坡底面应设 100 ~ 150mm 厚的碎石或砂砾垫层。

(5)水泥混凝土预制块护坡宜用于缺乏石料地区或城郊及互通式立交等需要美化的路段。

(6)浆砌片石护面墙：护面墙有实体护面墙、窗孔式护面墙、拱式护面墙及肋式护面墙等，应根据坡面地质条件合理确定。在公路工程中，护面墙多用于覆盖各种软质岩石层和较破碎岩石的挖方边坡防护，如易风化的云母片岩、绿片岩、泥质页岩、千枚岩及其他风化严重的软质岩层和较破碎的岩石地段的坡面防护，以防止自然因素的影响继续风化破坏。护面墙在高速公路路堑边坡防护中应用比较普遍，且边坡稳定，效果较好。

在施工护面墙防护过程中，如果坡面中地下水不能顺利排出，会严重影响护面墙的稳定和使用寿命，因此，在坡体有地下水的路段，应采取有效排水措施，设置并施工好倾斜排水孔或边坡渗水沟。泄水孔施工时，应按设计要求设置，当发现边坡流水较多时，应适当加密。泄水孔宜在墙身上下左右每隔 3m 设一个，在泄水孔后面，用碎石和砂砾做反滤层。

4. 封面、捶面防护

封面适用于未经严重风化的各种易风化岩石的路堑边坡，如页岩、泥岩、泥灰岩、千枚岩等；捶面适用于坡度缓于1:0.5、易受冲刷的土质边坡或易风化剥落的边坡。封面、捶面不能承受荷载，不能承受土压力，要求边坡必须平整、干燥、稳定。坡面不平整的岩石边坡，宜采用喷浆来防护。对岩石较坚硬而不易风化的挖方边坡，为防止水分渗入岩石裂隙造成病害，可视裂隙的深浅与宽窄，分别予以灌缝与勾缝。因受自然力影响易发生一般的泥石流、塌方或严重剥落的路基边坡，均宜采用护坡和护墙等砌石防护。

封面、锤面常用的材料有水泥、石灰、砂子、炉渣、黏土等。

封面、捶面的顶部必须封闭,或在顶部做 200mm × 200mm 的小型截水沟(水沟用封面、捶面材料加固),或将封面、捶面嵌入边坡内 300 ~ 500mm。

5. 膨胀土挖方施工

膨胀土挖方施工必须做好排水设施,并保证畅通。挖方边坡不要一次挖到设计线,应沿边坡预留厚度 300 ~ 500mm 一层,待路堑挖完时,再削去边坡预留部分,并立即进行防护。

6. 锚杆混凝土框架植物防护

锚杆混凝土框架植草防护是近年来在总结锚杆挂网喷浆(混凝土)防护的经验教训后发展起来的,它既保留了锚杆对风化碎岩石边坡的主动加固作用,防止了岩石边坡经开挖卸荷和爆破松动而产生的局部破坏,又吸收了浆砌片石(混凝土)骨架植草防护的造型美观、便于绿化的优点。

锚杆混凝土植草防护形式有多种组合:锚杆混凝土框架 + 喷播植草、锚杆混凝土框架 + 挂三维土工网 + 喷播植草、锚杆混凝土 + 土工格室 + 喷播植草、锚杆混凝土框架 + 混凝土空心块 + 喷播植草等。

8.3 沿河路基防护

沿河路基及岸坡由于经常或周期性受到水流的冲刷作用,因此必须采取有效的冲刷防护措施,以确保路基及坡岸的稳固和安全。

1. 沿河路基防护工程分类

直接防护工程类型包括护面墙、砌石或混凝土板、护坦、抛石、石笼、浸水挡墙等。

间接防护包括导流构造物(丁坝、顺坝等)、改河和防护林带等。

各种防护均应按其环境条件选用适当的防护工程类型，达到预期的目的。本次规范修订增加了护坦、土工膜袋等内容，各地区可根据各自的情况和特点选用其他新的适宜的防护方法，如土工织物防护等。

2. 砌石或混凝土防护

砌石或混凝土防护的适用条件为：干砌片石防护适用于易受水流侵蚀的土质边坡、严重剥落的软质岩石边坡、周期性浸水及受冲刷轻的且流速为 2 ~ 4m/s 的河岸路基及边坡；浆砌片（卵）石防护适用于经常浸水的受水流冲刷（流速 3 ~ 6m/s）或受较强烈的波浪作用，以及可能有流水、漂浮物等冲击作用的河岸路基；混凝土板防护常用于路堤及河岸的边坡，以抵抗渗透水及波浪的破坏，其允许流速在 4 ~ 8m/s 以上。

砌石或混凝土防护包括干砌片石、浆砌片石及混凝土板等防护。

3. 护坦防护

护坦是一种辅助性防护措施。当沿河路基挡土墙、护坡的局部冲刷深度过大，深基础施工不便时，宜采用护坦防护基础；当已建挡土墙、护坡的基础埋深不够，需要进行加固时，采用护坦式基脚，施工方便有利。护坦式基脚，可以减少水流与墙面冲击后形成的下降水流对床面的冲刷。护坦基脚可大大减小挡土墙或护坡基础埋深，减少施工难度。为了进一步减少护坦或基脚的局部冲刷深度，提高抗洪能力，可在护坦上加设挑水坎和将护坦基脚的垂墙做成仰斜式。

4. 抛石防护

抛石防护的应用很广，对于经常浸水，且水较深地段的路基边坡防护及洪水季节防洪抢险更为常用。抛石切忌乱抛。抛石坡度和选用石料块应根据水深、流速和波浪情况确定。备料应核实水流及波浪作用下石块的稳定性，最好按其测算结果指导施工。抛石边坡坡度值见表8-1。石料粒径一般不小于300～500mm，抛石粒径与水深、流速的关系见表8-2。

抛石边坡坡度值　　表8-1

水文条件	采用边坡
水浅、流速较小	1:1.2～1:2.5
水深2～6m，流速较大，波浪汹涌	1:2～1:3
水深大于6m，在急流中施工	缓于1:2

抛石粒径与水深、流速关系　　表8-2

抛石粒径(cm)	水深(m)				
	0.4	1.0	2.0	3.0	5.0
	容许流速(m/s)				
15	2.70	3.00	3.40	3.70	4.00
20	3.15	3.45	3.90	4.20	4.50
30	3.50	3.95	4.25	4.45	5.00
40	—	4.30	4.45	4.80	5.05
50	—	—	4.85	5.00	5.40

5. 石笼防护

石笼是加固河床和路堤、防止冲刷效果较好的柔性体防护。铁丝石笼能经受较高流速的冲刷，一般可抵抗4～5m/s流速，体积大的可抵抗5～6m/s流速，允许波浪高1.5～1.8m的水流。

在水流含有大量泥沙及基底地质良好的条件下，才宜采用石笼防护。石笼具有较好的柔性，当水流含有大量泥沙时，石笼中的空隙能很快淤满，而形成一整体防护层，其防护效果会更好些，但必须将各个铁丝石笼单元间彼此很好连接起来成为一个完整的柔性体。

6. 土工膜袋

土工膜袋防护是本次规范修订增加的内容。土工膜袋是将土工合成材料表面涂一层树脂或橡胶等防水材料，或将土工合成材料与塑料薄膜复合在一起形成不透水的防水材料，用土工膜袋填充混凝土或砂浆形成防护结构，达到防护的目的。膜袋厚度应通过抗浮稳定分析和抗冰推移稳定分析确定。膜袋的主要技术指标见表8-3。

膜袋主要技术指标 表8-3

项目		标准
单层质量(g/m^2)		200
拉伸强度(N/50mm)	经	1500
	纬	1300
延伸率(%)	经	14
	纬	12
撕裂强度(N/50mm)	经	600
	纬	400
顶破强度(N)		800
渗透系数(mm/s)		0.28
单层厚度(mm)		0.45

7. 丁坝、顺坝防护

丁坝、顺坝均为导流构造物，是以改变水流方向为主的水工建筑物。在路基工程防护中采用导流构造物，使水流轴线方向偏离路基岸边，或减低防护处的流速，且促进其淤积，从而达到对路基的防护作用。施工导流构造物时，应尽可能避免过多地压缩河床断面，否则，造成水位抬高，以致影响上下游路基、农田及建筑物安全。

丁坝也称挑水坝，其作用是迫使水流改变方向，离开被防护的河岸。由于丁坝压缩水流断面，扰乱原来水流性质，坝头附近出现强烈局部冲刷，故不仅坝头的基础必须深埋，而且还需做平面防护。平面防护一般宜选用浆砌片石、石笼等坚固耐用的防护类型。平面防护有长防护和坝头防护两种方法。防护宽度，在迎水面可取 2 ~4m，在背水平可取 1 ~2m。对于长防护，坝头最宽，逐渐向坝根减窄；对坝头防护，其防护宽度等于坝长的 0.3 倍，且宽度不变窄。顶坝坝头附近尤其第一节丁坝受强烈局部冲刷和漂浮物强烈撞击更为严重，必须严控施工质量。

顺坝根部是受水流冲击作用较重部位，应特别重视坝根部分与相连地层或其他防护设施的嵌接，确保施工质量。坝根附近的河岸应防护至上游不受斜向水流冲击处。坝根应牢固地嵌入稳定河岸内，易受冲刷的河岸嵌入长度宜为 3 ~5m，较坚实的河岸宜嵌入 2m。

8.4 挡　土　墙

挡土墙施工注意事项如下：

(1)在旱季，岩、土体的含水量较小，强度较高，开挖基坑时边坡的稳定性容易得到保证，尤其是地质条件较差或有水地段的挡土墙，在旱季施工比雨季安全。宜集中力量，分段施工，加快施工速度，减少基坑和临时边坡的暴露时间。

(2)挡土墙基坑应防止地表水流入或渗入，使岩、土体软化，降低地基的承载能力和边坡的稳定性。

(3)挡墙的墙背排水层和泄水孔应按设计要严格施工，确保排水畅通。

(4)加筋土挡土墙应保证拉筋与土体的摩擦处于稳定状态。

8.5 边坡锚固防护

(1)边坡锚固技术是一种发展中的加固技术,工序复杂,制约因素多,且属于隐蔽工程,施工前应进行仔细调查,认真做好施工组织设计。施工时应将开挖的岩土情况与勘测设计资料进行对比,发现出入较大时,应及时上报采取处治措施,以确保锚固工程安全可靠。

(2)锚杆施工应严格控制施工工艺。锚杆组装时其自由段必须按设计要求做好防腐和定位处理。注浆是锚杆施工中的重要环节,注浆质量直接影响锚杆的承载力,因此,注浆施工应严把浆材质量、浆液性能、浆液工艺和注浆质量关。采取先注后插时,注浆管头部制成45°斜口,注浆时将注浆管插至孔底,且随注浆体的注入匀速拔出注浆管。注浆体到达距孔口200~300mm时,停止注浆。

(3)当岩质较差,要求对成孔的斜误差严格控制时,可采用孔斜仪进行量测,孔斜不宜超过1/100。

8.6 土钉支护

1. 土钉、土钉支护的涵义

土钉:用于加固和稳定岩土体的细长筋体,置入岩土体中后依靠与周围岩土体之间的黏结力或摩擦力,在岩土体发生变形的条件下被动受力并主要承受拉力。

土钉支护:以密集的土钉群作为筋体,用于加固和稳定岩土边坡的柔性被动支护技术,或指利用土钉技术形成的支护结构。土钉支护通常由土钉群、被加固的原位岩土体、混凝土或钢筋混凝土块、板、梁柱等连续或不连续的面层及必要的排水、防水系统组成。

复合土钉支护:与预应力锚杆、锚索、微型桩或其他岩土体加固方法联合使用的土钉支护。

2. 土钉支护的适用范围

土钉支护适用于有一定黏性的硬黏土，有一定胶结的黏土、砂土或有一定自稳能力的岩土。对于松散的砂土、黏土以及地下水丰富等地质不良土体，不宜采用土钉支护。土体松散，其抗剪强度低，不能给土钉足够的抗拔力；土体松软和含水量高，边坡的喷射面层难以形成，应采用复合土钉支护。

土钉挡土结构一般用于挖方边坡的临时支护以及路堑或路堤的永久支护，也可用于桥台结构挡土支护。土钉加筋边坡支护一般用于加固平缓边坡，也可用于增加原有边坡或开挖后边坡的稳定性。复合土钉支护一般用于永久性的公路工程。

3. 排水

土钉支护工程的排水系统对工程质量、稳定性和使用寿命具有重要意义，在施工过程中应特别重视水的作用和影响，必须在地表和支护内部布设施工排水系统，以疏导地表水和地下水。地表排水施工中，一般宜在距边坡顶部 3 ~5m 范围内开挖一截水沟。当设计图要求边坡顶有永久性排水沟时，施工排水沟宜与永久排水沟合建。边坡体内排水，施工时视其边坡体内的水量，设置排水（滤水）管。当设计有永久排水管时，临时排水管应与永久排水管综合考虑布设。边坡脚的临时排水，在施工中开挖每一层土钉（锚杆）作业面时，宜在作业面适当距离处设临时排水沟和集水井，以确保土质边坡下部不被雨水或施工用水浸泡。对边坡岩石中的裂隙、泉眼中的地下水应引出边坡外，并引入永久排水系统中。

当地下水源丰富，流量较大，在支护施工的作业面上难以成孔和形成喷射混凝土面层时，应在施工前降低地下水水位，并在地下水位以上进行支护施工。

4. 土钉支护施工流程

(1)开挖工作面,修整边坡;

(2)设置土钉(包括成孔、置入钢筋、注浆、补浆);

(3)铺设、固定钢筋网;或放线挖槽、绑扎钢筋笼(网格梁面层);

(4)喷射混凝土面层;或立模、浇灌混凝土、振捣密实(网格梁面层)。

根据不同的岩土特点和支护构造方法,上述工序可以变化。支护的内部排水以及坡顶和坡脚的排水系统应按整个支护从上到下的施工过程穿插设置。

5. 强调信息化施工

施工开挖和成孔过程中应随时观察地质变化情况并与原设计所认定的加以对比,如发现异常应及时进行反馈设计。对大型土钉支护工程应有施工监控措施。

6. 建立地面观测网和深层位移监测点

埋设必要的传感器,如土压力盒、钢筋或锚杆测力计、深部测斜管等,应用收敛计、测斜仪、裂缝测试仪及水准仪、经纬仪等量测施工过程中的岩土压力和土钉应力变化。地表、坡顶侧向位移 λ 与该级边坡的开挖深度 H 之比不得超过表 8-4 所列数值,且位移收敛,否则应采取加固措施并应加强观测。

λ/H 表 8-4

土　类	砂　土	黏　土	软　土
λ/H	3‰	3‰~5‰	5‰~10‰

7. 坡面开挖

边坡开挖深度和长度应符合设计规定,但应保证修正后的裸露边坡能在规定的时间保持自立,水平分段一般可取 10 ~

20m。进行切削、清坡宜用小型机具或铲锹。

当边坡变形过大、变形速率过快、位移不收敛,边坡出现开裂、沉陷等险情时,可视具体情况选用如下应急措施:

(1)坡脚临时加堆载反压;

(2)坡顶卸土减载,并严格控制卸载程序;

(3)做好临时排水、封面处理;

(4)对支护结构临时加固;

(5)加强险情的监测。

对已塌方的边坡处理:一般性较小塌方,应先对塌方部分的松散土体进行加固或清除,再进行边坡开挖支护;对软土大塌方,一般应在松散土体中采用击入钢花管注浆加固或击入竹(木)桩加固,当条件允许时也可采取深层搅拌桩加固等。

8. 土钉施工

(1)钻孔机具选用主要根据支护边坡的土性考虑。当边坡为土层时,宜选用普通锚杆钻(如 MGS-50 等);当边坡为土、岩混合时,可选用软硬兼用钻机(如 MD-100 型或地质钻等);当边坡为岩层时,宜用潜孔钻。在土层边坡支护中,如有条件时,宜优先选用干式钻孔机,可有效减少土体边坡的变形。

(2)为增加土钉支护的使用寿命,当土钉加固用于腐蚀性土质、雨水较多的地区进行边坡支护,或土钉不可避免地要深入到地下水位以下时,应对土钉进行防锈处理。在国外,德国对永久支护采用的土钉加塑料波纹套管,美国对永久土钉支护要求用环氧涂膜钢筋。我国主要比照混凝土中的钢筋锈蚀,着眼于注浆保护层的作用,可根据情况选用聚乙烯、聚丙烯塑料波纹管或环氧涂层钢筋。在腐蚀环境下,土钉支护面层和土钉的钢筋保护层厚应根据设计要求施工,设计无要求时应根据侵蚀作用等级(强、中、弱)分别采用 70mm、60mm、50mm。

(3)土钉孔注浆用砂应选用粒径小于 2mm 的中、细砂,使用前须过筛，严防石块、杂物混入，砂的含泥量不大于3%，土钉孔注浆应饱满。

(4)喷射混凝土配合比应通过试验确定，所采用的砂、石子规格和质量应符合规定要求。喷射混凝土用砂应为中砂，细度模数大于2.5，其颗粒级配应满足表8-5要求；用于喷射混凝土的石子应为坚硬的卵石或碎石，最大粒径不宜超过15mm，其级配应符合表8-6要求。注浆用水或混凝土用水不得使用污水和pH值小于4的酸性水，不应含有影响混凝土质量的有害杂质。

喷射混凝土用砂的颗粒级配 表8-5

筛孔尺寸(mm)	5	2.5	1.2	0.6	0.3	0.15
通过质量百分率(%)	100	80~100	50~85	25~60	10~30	2~10

喷射混凝土用石子的颗粒级配 表8-6

筛孔尺寸(mm)	15	10	5	2.5	1.2
通过质量百分率(%)	100	80~100	10~30	0~10	0~5

8.7 抗 滑 桩

抗滑桩是用来抵抗压力或滑坡下滑力的横向受力桩。

(1)滑面位置是计算滑坡推力、确定桩体结构的主要依据，施工中加以核实，并对岩性进行编录。

(2)对于抗滑桩灌注，要求桩体灌注混凝土必须连续进行。这样做是为了避免出现较弱的施工缝，保证混凝土的整体性和强度，并加快施工速度。